까비

호기심 많고 장난꾸러기이나 언제나 친구들을 위해 위험을 무릅쓰는 소년이다.

슬기

지식 내공이 높은 소녀로 주위 사람들을 잘 도와주고 미션을 제시한다.

토토

척척박사인 슬기의 애완견으로 까비의 미션 성공을 위해 많은 도움을 준다.

컴속세상
한글 2016과 함께
어린이 기자단 되기

초판 발행일 | 2021년 1월 20일
지은이 | 해람북스 기획팀
펴낸이 | 박재영
총편집인 | 이준우
기획진행 | 유효섭, 김미경
편집디자인 | 김영리

(주)해람북스
주소 | 서울시 용산구 한남대로 11길 12, 6층
문의전화 | 02-6337-5419 팩스 02-6337-5429
홈페이지 | http://www.hrbooks.co.kr

발행처 | (주)미래엔에듀파트너 출판등록번호 | 제2016-000047호

ISBN 979-11-6571-113-9 13000

이 책의 구성

미션을 모두 성공하려면 이 책이 어떻게 구성되어 있고 따라해야 하는지 잘 알고 있어야겠죠? 미션 성공을 위해 이 책의 구성을 잘 살펴보세요.

02장 동영상 편집 방법 기록하기 14

● 글자 모양 지정하기
● 새 탭에서 문서 작성하기

날짜		월	일
타수내공 :			
확인란 :			

타자 체크
수업 시작 전 날짜와 타자 연습한 기록을 적습니다.

오늘의 미션

● 글자 모양 지정하기
● 새 탭에서 문서 작성하기

오늘의 미션
해당 장에서 배울 기능을 미션으로 제시해 줍니다.

미션 Hint

● 문서 ○
● 저장된 ○

미션 Hint
따라하기를 하기 전 미션에서 제시한 기능을 설명합니다.

예제 따라하기
미션에서 제시된 기능들을 따라하기를 통해 학습합니다.

① 새 탭에서 문서를 만들기 위해 [파일]-[새 문서(🗋)]-[새 탭] 메뉴 및 클릭합니다.

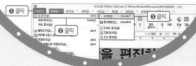

여러분은
색과 모양으로 예...
보세요.

토토가 알려주는 Tip

따라하기 쉽게 하기 위한
방법이나 보충 설명을 토토가
자세히 알려줍니다.

재미 Fun 실력 Up

· 새 문서 : 새로운 ...
· 새 탭 : 현재 열려 있...

재미 Fun 실력 Up

해당 장에서 배운 기능들에
대한 퀴즈를 풀어봅니다.

컴속 해결사

컴속 해결사

따라하기 설명에 포함되지
않지만 중요한 내용들을
토토가 자세히 알려줍니다.

쑥쑥! 실력 키우기

실력 쑥쑥!

배운 내용을 반복해서 학습하고
응용할 수 있도록 혼자서 문제를 풀어
봅니다.

도전! 자격증

배운 기능 레벨에 맞는
자격증 문제를 혼자서 풀어봅니다.

도전! 어린이 기...

학교
이름

Finish

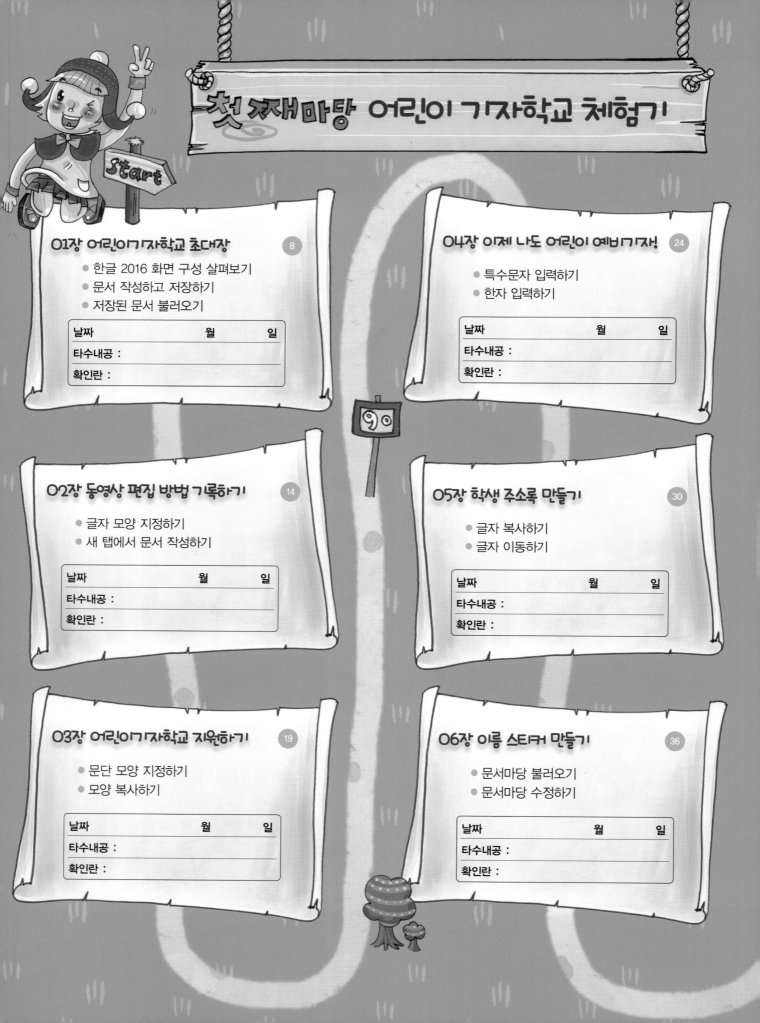

첫 째마당 어린이 기자학교 체험기

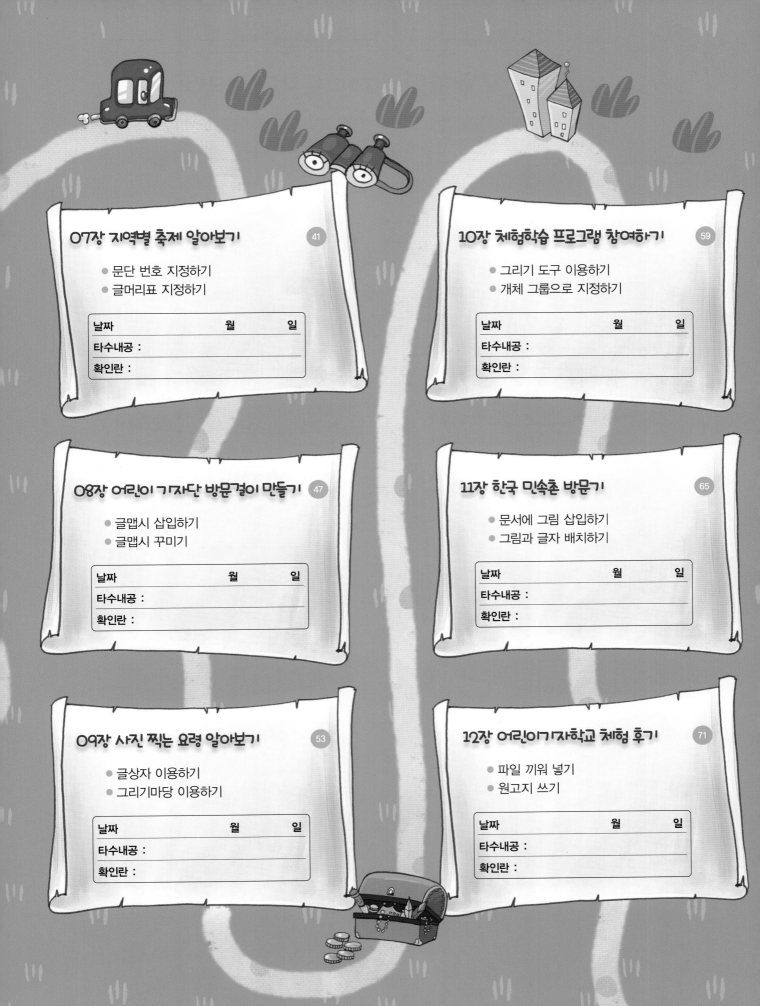

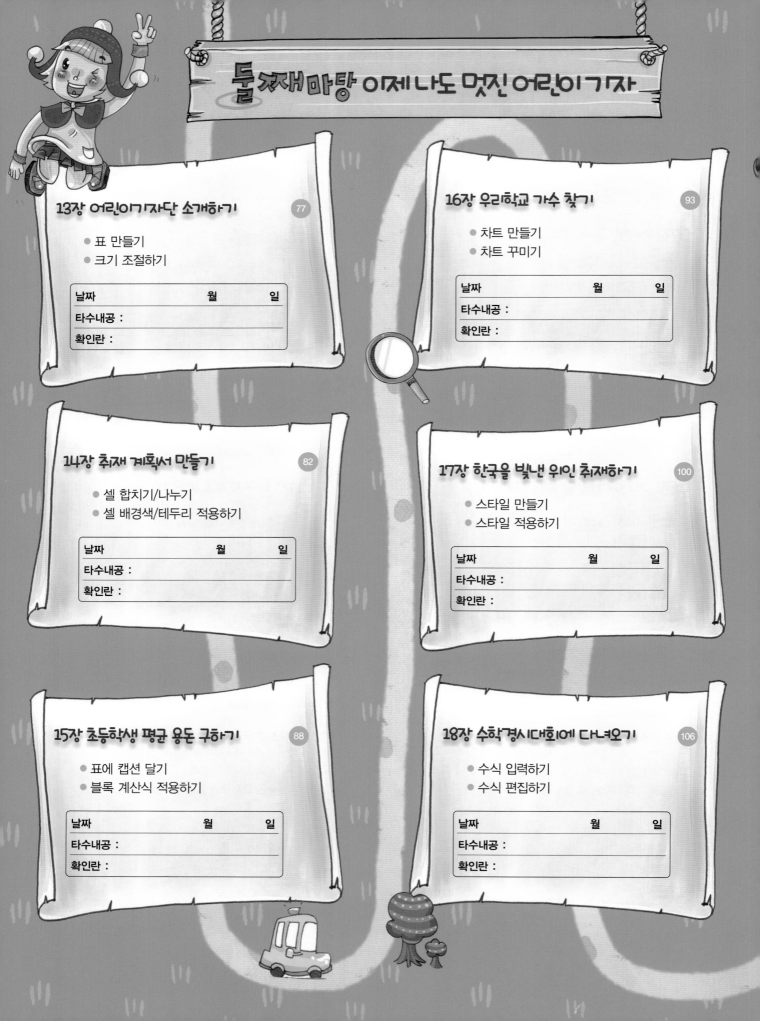

둘째마당 이제 나도 멋진 어린이기자

01 한글 2016의 화면 구성을 살펴보아요.

한글 프로그램은 어떻게 생겼을까요?
어떤 프로그램이든지 항상 처음 시작은 구성요소들을 알아보는 것입니다. 그럼 함께 알아보도록 할까요.

① 바탕화면에서 '한글' 바로 가기 아이콘(圖)을 더블클릭하거나 [■]-[한글] 메뉴를 차례대로 클릭합니다.

② 한글 프로그램 창이 나타나면 화면 구성을 살펴봅니다.

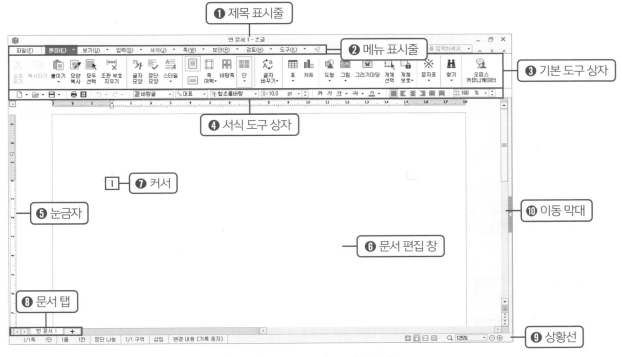

① 현재 편집 중인 문서의 파일 이름, 경로, 창 조절 단추가 표시됩니다.
② 한글 프로그램에서 사용할 수 있는 기능들을 분류하여 메뉴로 제공합니다.
③ 메뉴에서 자주 사용하는 기능을 그룹별로 묶어서 탭 형식으로 제공합니다.
④ 편집 시 자주 사용하는 기능을 모아 아이콘 형태로 제공합니다.
⑤ 문서의 크기와 여백 등을 알 수 있는 자입니다.
⑥ 문서 입력 및 편집 작업을 하는 공간입니다.
⑦ 작업 중인 문서에서 현재 위치를 표시합니다.
⑧ 여러 문서를 열었을 때 탭으로 구분하여 표시합니다.
⑨ 커서 위치, 편집 상태, 화면 확대/축소 등의 정보를 표시합니다.
⑩ 화면에서 표시되지 않는 문서의 다른 부분을 보고자할 때 사용합니다.

02 글자를 입력하고 저장해보아요.

문서 작성에서 글자 입력은 기본입니다.
글자를 빨리 입력하려면 타자연습도 많이 해야겠지요. 작성한 문서를 보관하는 방법도 함께 알아보아요.

① 키보드를 이용해 다음과 같은 문서를 작성해봅니다.

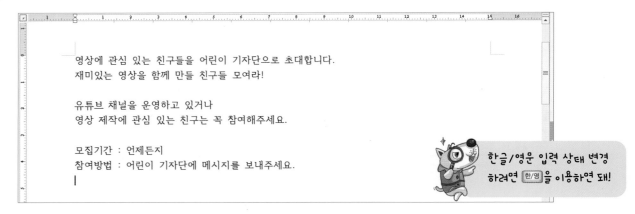

영상에 관심 있는 친구들을 어린이 기자단으로 초대합니다.
재미있는 영상을 함께 만들 친구들 모여라!

유튜브 채널을 운영하고 있거나
영상 제작에 관심 있는 친구는 꼭 참여해주세요.

모집기간 : 언제든지
참여방법 : 어린이 기자단에 메시지를 보내주세요.

한글/영문 입력 상태 변경 하려면 한/영 을 이용하면 돼!

② [파일]-[저장하기] 메뉴 또는 도구 상자에서 저장하기(🖫))를 클릭합니다.

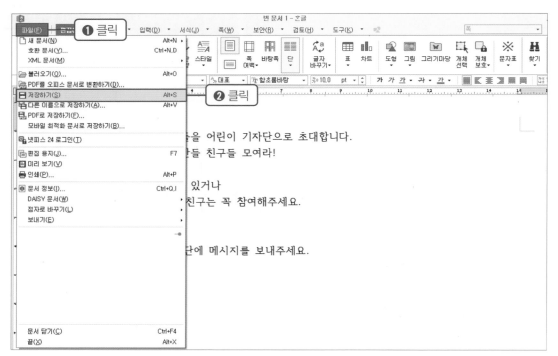

커서 앞의 내용을 삭제 하려면 Back Space , 커서 뒤의 내용을 삭제하려면 Delete 를 이용하면 돼!

3 [다른 이름으로 저장하기] 대화상자가 나타나면 원하는 저장 위치를 지정하고, 파일 이름으로 "어린 이기자학교 초대장"을 입력한 후 [저장] 단추를 클릭합니다.

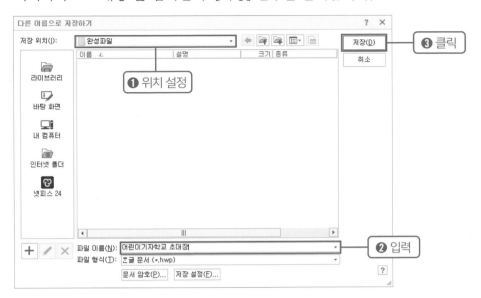

4 제목 표시줄과 문서 탭에 파일 이름이 표시된 것을 확인 한 후 [파일]-[끝] 메뉴 또는 닫기(×) 단추를 클릭합니다.

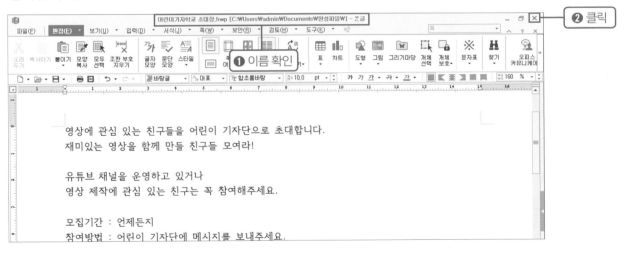

컴속 해결사

문서 암호 지정하기

[다른 이름으로 저장하기] 대화상자의 [문서 암호(P)...] 를 이용하면 비밀문서를 만들 수 있어요.

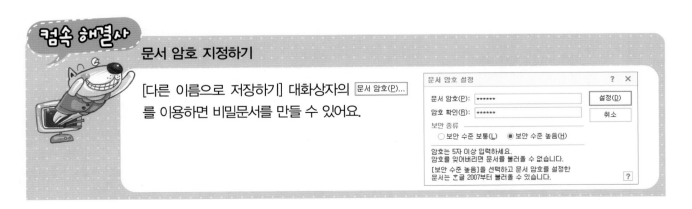

03 컴속에 저장해 둔 문서를 불러보아요.

문서를 저장해 두고 확인을 못한다면 아무 소용이 없겠지요.
이번에는 컴속에 저장해 둔 문서를 불러와 확인하는 방법을 알아보아요.

1 한글 프로그램을 실행한 후 [파일]-[불러오기] 메뉴 또는 도구 상자에서 불러오기(📂)를 클릭합니다.

2 [불러오기] 대화상자가 나타나면 '어린이기자학교 초대장.hwp' 파일을 선택한 후 [열기] 단추를 클릭합니다.

3 다음과 같이 '어린이기자학교 초대장.hwp' 파일이 불러오기 된 것을 확인합니다.

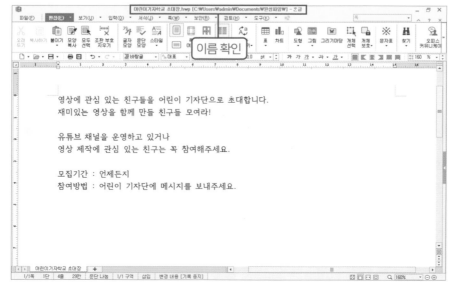

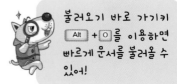

불러오기 바로 가기키 Alt + O 를 이용하면 빠르게 문서를 불러올 수 있어!

쑥쑥! 실력 키우기

1 다음과 같은 문서를 작성한 후 "한국을 빛낸 100명의 위인들"로 저장해보세요.

[1절]
아름다운 이 땅에 금수강산에 단군 할아버지가 터 잡으시고
홍익인간 뜻으로 나라 세우니 대대손손 훌륭한 인물도 많아
고구려 세운 동명왕 백제 온조왕 알에서 나온 혁거세
만주 벌판 달려라 광개토대왕 신라 장군 이사부
백결선생 떡 방아 삼천 궁녀 의자왕
황산벌의 계백 맞서 싸운 관창 역사는 흐른다.

[2절]
말 목 자른 김유신 통일 문무왕 원효대사 해골물 혜초 천축국
바다의 왕자 장보고 발해 대조영 귀주대첩 강감찬 서희 거란족
무단 정치 정중부 화포 최무선 죽림칠현 김부식
지눌국사 조계종 의천 천태종 대마도 정벌 이종무
일편단심 정몽주 목화씨는 문익점
해동공자 최충 삼국유사 일연 역사는 흐른다.

한국을 빛낸 100명의 위인들   +

Hint · Ctrl + Z : 되돌리기   · Ctrl + Shift + Z : 다시 실행

2 다음과 같은 문서를 작성한 후 "섬 집 아기"로 저장해보세요.

섬 집 아기
[1절]
엄마가 섬 그늘에 굴 따러 가면
아기가 혼자 남아 집을 보다가
바다가 불러주는 자장노래에
팔 베고 스르르르 잠이 듭니다.

[2절]
아기는 잠을 곤히 자고 있지만
갈매기 울음소리 맘이 설레어
다 못 찬 굴 바구니 머리에 이고
엄마는 모랫길을 달려옵니다.

문서 1   +

3 "한국을 빛낸 100명의 위인들" 문서를 열고 '12345' 암호로 다시 저장해 보세요.

01 글자를 예쁘게 꾸며보아요.

색색의 필기구를 이용하면 예쁘고 보기 좋게 노트를 정리할 수 있듯이, 한글 프로그램에서도 글자의 색과 모양을 예쁘게 꾸밀 수 있어요.

1 키보드를 이용해 다음과 같은 문서를 작성해봅니다.

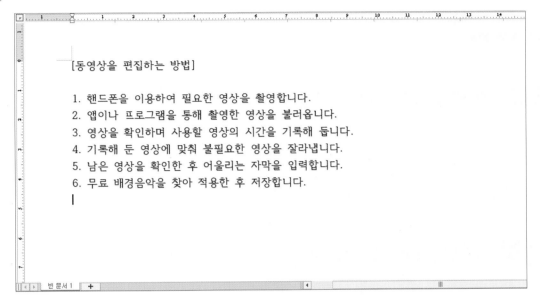

```
[동영상을 편집하는 방법]

1. 핸드폰을 이용하여 필요한 영상을 촬영합니다.
2. 앱이나 프로그램을 통해 촬영한 영상을 불러옵니다.
3. 영상을 확인하며 사용할 영상의 시간을 기록해 둡니다.
4. 기록해 둔 영상에 맞춰 불필요한 영상을 잘라냅니다.
5. 남은 영상을 확인한 후 어울리는 자막을 입력합니다.
6. 무료 배경음악을 찾아 적용한 후 저장합니다.
```

2 '[동영상을 편집하는 방법]' 글자를 마우스로 드래그하여 블록으로 지정한 후 [서식]–[글자 모양] 메뉴를 클릭합니다.

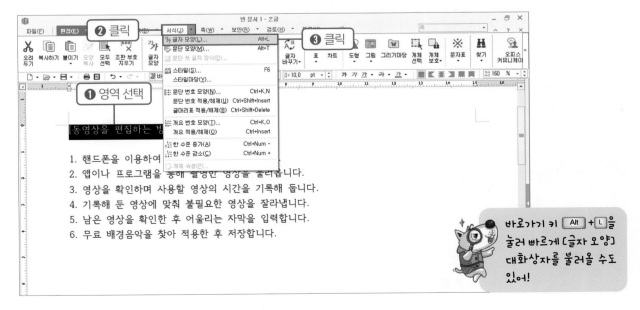

3 [글자 모양] 대화상자에서 크기와 글꼴, 속성, 글자 색 등을 지정하고 [설정] 단추를 클릭합니다.

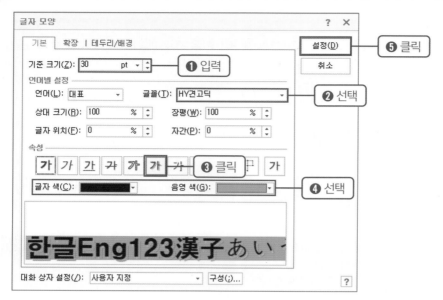

4 같은 방법으로 다음과 같이 문서를 완성한 후 "동영상 편집하는 방법"으로 저장해봅니다.

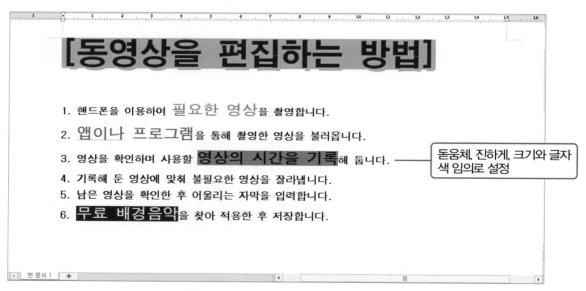

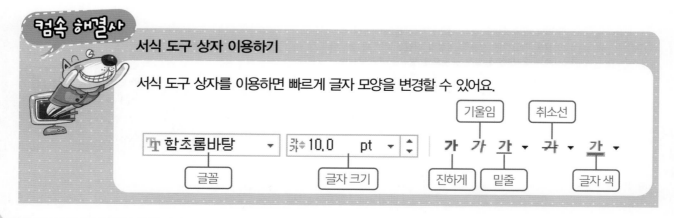

서식 도구 상자 이용하기

서식 도구 상자를 이용하면 빠르게 글자 모양을 변경할 수 있어요.

02 새 탭에서 새 문서를 만들어보아요.

문서를 완성한 후 다른 새 문서를 만들고 싶을 때 새 글과 새 탭을 이용합니다. 이번 장에서는 새 탭을 이용해 문서를 만드는 방법을 알아보아요.

1 새 탭에서 문서를 만들기 위해 [파일]-[새 문서(🗋)]-[새 탭] 메뉴 또는 [문서 탭]에서 [새 탭(⊞)]을 클릭합니다.

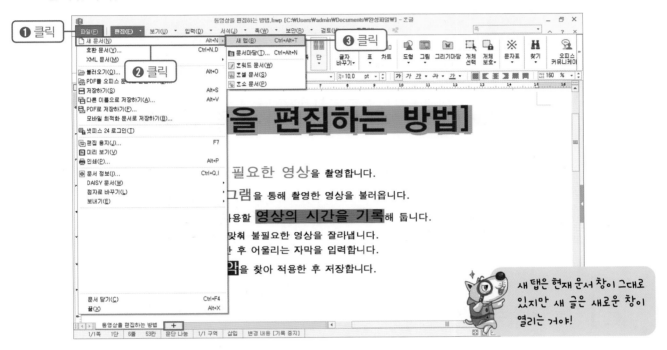

새 탭은 현재 문서 창이 그대로 있지만 새 글은 새로운 창이 열리는 거야!

2 새 탭에서 다음과 같이 문서 내용을 입력하고 저장해봅니다.

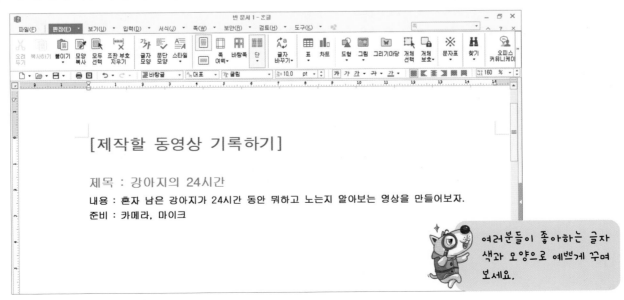

여러분들이 좋아하는 글자 색과 모양으로 예쁘게 꾸며 보세요.

1 다음과 같은 문서를 작성한 후 "좋은 영상 만드는 방법"으로 저장해보세요.

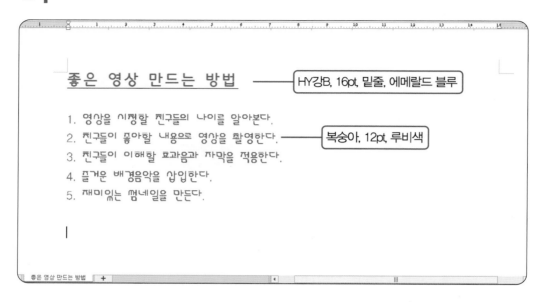

좋은 영상 만드는 방법 —— HY강B, 16pt, 밑줄, 에메랄드 블루

1. 영상을 시청할 친구들의 나이를 알아본다.
2. 친구들이 좋아할 내용으로 영상을 촬영한다. —— 복숭아, 12pt, 루비색
3. 친구들이 이해할 효과음과 자막을 적용한다.
4. 즐거운 배경음악을 삽입한다.
5. 재미있는 썸네일을 만든다.

2 다음과 같은 문서를 작성한 후 "영상 작업 할 때의 주의사항"으로 저장해보세요.

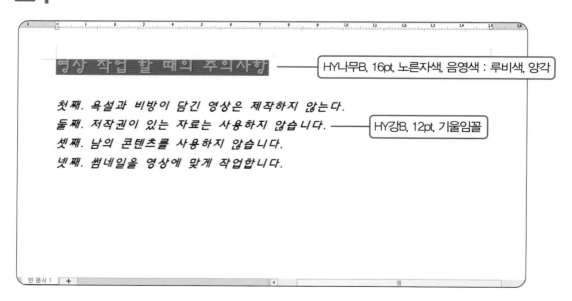

영상 작업 할 때의 주의사항 —— HY나무B, 16pt, 노른자색, 음영색 : 루비색, 양각

첫째. 욕설과 비방이 담긴 영상은 제작하지 않는다.
둘째. 저작권이 있는 자료는 사용하지 않습니다. —— HY강B, 12pt, 기울임꼴
셋째. 남의 콘텐츠를 사용하지 않습니다.
넷째. 썸네일을 영상에 맞게 작업합니다.

01 글자를 보기 좋게 정렬해보아요.

문단 모양 기능을 이용하면 글자를 왼쪽, 오른쪽, 가운데로 정렬할 수 있고, 줄 간격도 변경할 수도 있어요.
자 그럼, 문단 모양 기능에 대해 알아볼까요.

1 키보드를 이용해 다음과 같은 문서를 작성해봅니다.

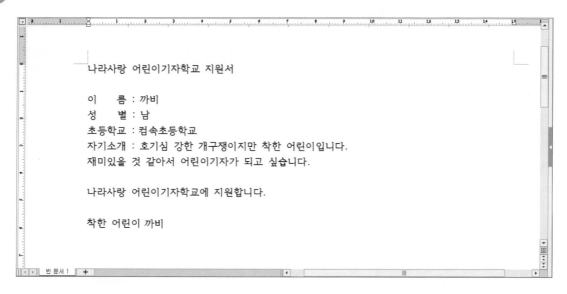

2 '나라사랑 어린이기자학교 지원서'를 블록으로 지정하고, 글꼴, 글자크기, 글자색, 맞춤 등을 설정합니다.

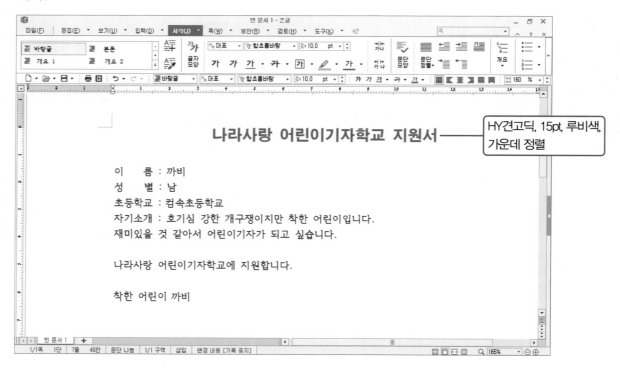

3 마우스로 드래그하여 문서 전체를 블록으로 지정하고 [서식]—[문단 모양] 메뉴를 누르거나 [Alt] +[T]를 누릅니다.

4 [문단 모양] 대화상자에서 정렬 방식, 여백, 줄 간격을 지정하고 [설정] 단추를 클릭합니다.

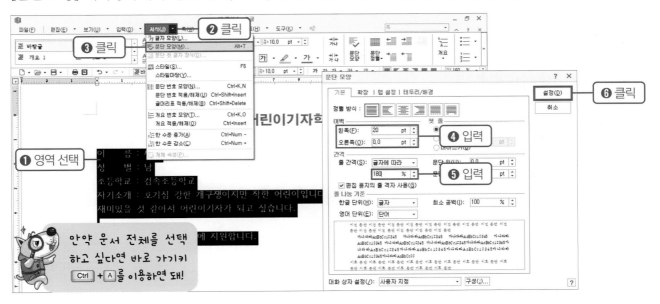

5 다음과 같이 문서를 완성해봅니다.

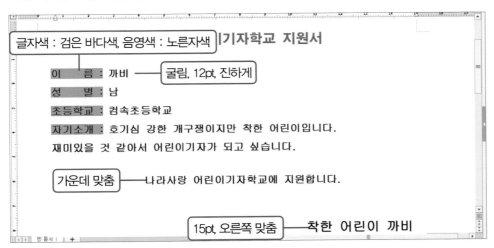

글자색 : 검은 바다색, 음영색 : 노른자색 |기자학교 지원서

이　름 : 까비 —— 굴림, 12pt, 진하게
성　별 : 남
초등학교 : 컴속초등학교
자기소개 : 호기심 강한 개구쟁이지만 착한 어린이입니다.
재미있을 것 같아서 어린이기자가 되고 싶습니다.

가운데 맞춤 —— 나라사랑 어린이기자학교에 지원합니다.

15pt, 오른쪽 맞춤 —— 착한 어린이 까비

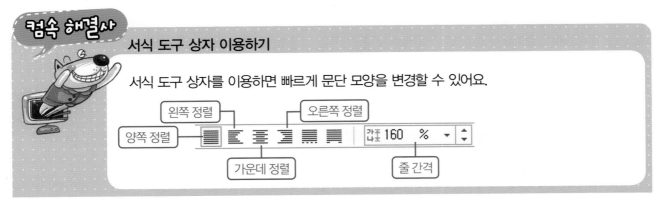

컴속 해결사

서식 도구 상자 이용하기

서식 도구 상자를 이용하면 빠르게 문단 모양을 변경할 수 있어요.

왼쪽 정렬　　오른쪽 정렬
양쪽 정렬　　　　　간 160 %
가운데 정렬　　줄 간격

02 도장 찍어 모양을 복사해보아요.

모양 복사 기능을 이용하면 도장을 찍어 내듯이 같은 모양을 쉽게 변경할 수 있어요. 이번 장에서는 모양 복사에 대해 알아볼까요.

1 '착한 어린이 까비' 글자에 커서를 위치시킨 후 기본 도구상자에서 모양복사(📝) 또는 [편집]-[모양 복사]를 클릭합니다.

2 [모양 복사] 대화상자에서 모양 복사할 항목을 지정하고 [복사] 단추를 클릭합니다.

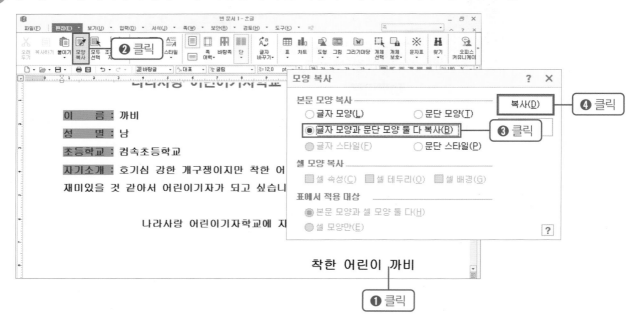

3 다음과 같이 블록을 지정한 다음 기본 도구 상자에서 모양 복사(📝)를 클릭합니다.

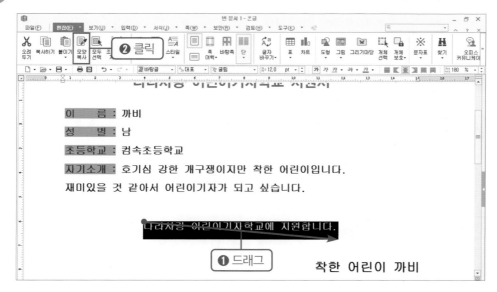

쑥쑥! 실력 키우기

1 글자를 입력하고, 입력된 내용에 맞춰 글자를 정렬해보세요.

정렬로 글자 이동하기————[굴림, 16pt]

오른쪽 정렬

가운데 정렬

양쪽 정렬
왼쪽 정렬
배   분   정   렬
나눔   정렬

2 다음과 같은 문서를 작성해보세요.

상어 가족————[HY강B, 15pt]

아기 상어 (뚜 루루 뚜루) 귀여운 (뚜 루루 뚜루) 바닷속 (뚜 루루 뚜루) 아기 상어
엄마 상어 (뚜 루루 뚜루) 어여쁜 (뚜 루루 뚜루) 바닷속 (뚜 루루 뚜루) 엄마상어
아빠 상어 (뚜 루루 뚜루) 힘이 센 (뚜 루루 뚜루) 바닷속 (뚜 루루 뚜루) 아빠상어————[HY강B, 10pt]
할머니 상어 (뚜 루루 뚜루) 자상한 (뚜 루루 뚜루) 바닷속 (뚜 루루 뚜루) 할머니 상어
할아버지 상어 (뚜 루루 뚜루) 멋있는 (뚜 루루 뚜루) 바닷속 (뚜 루루 뚜루) 할아버지 상어
우리는 (뚜 루루 뚜루) 바다의 (뚜 루루 뚜루) 사냥꾼 (뚜 루루 뚜루) 상어가족

 문서 작성 시 같은 모양을 지정할 경우 모양 복사(📋)를 이용하면 편리합니다.

01 신기한 문자도 척척 만들어보아요.

한글 프로그램에서 제공하는 여러 특수문자를 이용해 문서를 작성하면 한글만 입력할 때 보다 아기자기해 지겠죠? 신기한 문자를 입력하는 방법을 알아볼까요.

1 다음과 같은 문서를 작성해봅니다.

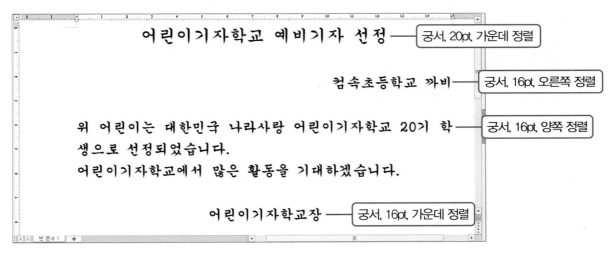

- 어린이기자학교 예비기자 선정 — 궁서, 20pt, 가운데 정렬
- 컴속초등학교 까비 — 궁서, 16pt, 오른쪽 정렬
- 위 어린이는 대한민국 나라사랑 어린이기자학교 20기 학생으로 선정되었습니다. — 궁서, 16pt, 양쪽 정렬
- 어린이기자학교에서 많은 활동을 기대하겠습니다.
- 어린이기자학교장 — 궁서, 16pt, 가운데 정렬

2 '어린이기자학교장' 단어 뒤에 커서를 위치시키고 [입력]-[문자표] 메뉴를 클릭합니다.

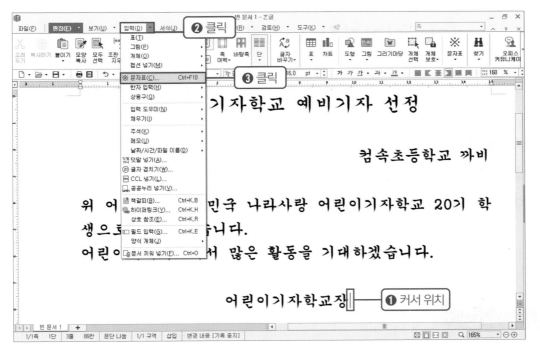

 문자표 바로 가기키 Ctrl + F10을 이용하면 빠르게 특수문자를 입력 할 수 있어!

③ [문자표 입력] 대화상자의 [한글(HNC) 문자표] 탭의 '전각 기호(기타)'에서 '🖸' 기호를 클릭하고 [넣기] 단추를 클릭합니다.

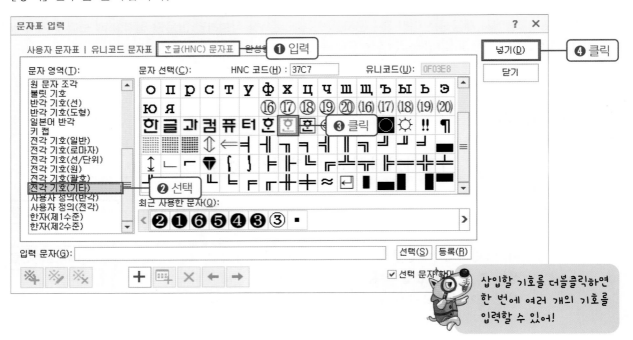

삽입할 기호를 더블클릭하면 한 번에 여러 개의 기호를 입력할 수 있어!

④ '전각 기호(일반)'을 사용하여 위와 같은 방법으로 다음과 같이 문서를 완성해봅니다.

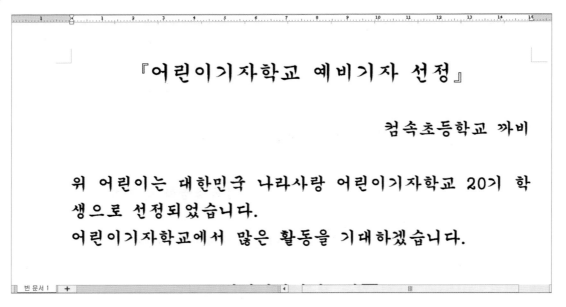

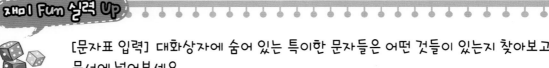

재미 Fun 실력 Up

[문자표 입력] 대화상자에 숨어 있는 특이한 문자들은 어떤 것들이 있는지 찾아보고 문서에 넣어보세요.

02 한자를 입력해보아요.

일상생활에서 자주 사용되는 한자도 쉽게 입력할 수 있어요. 이번 장에서는 한자를 입력하는 방법을 함께 알아볼까요.

❶ '학교장' 단어를 선택한 후 [입력]-[한자 입력]-[한자로 바꾸기] 메뉴를 클릭하거나 F9 또는 [한자]를 클릭합니다.

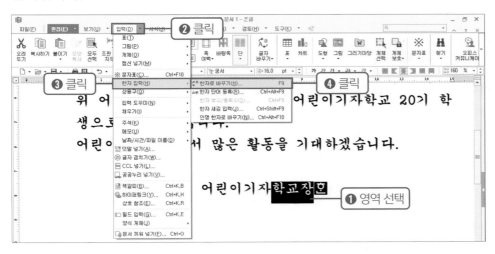

❷ [한자로 바꾸기] 대화상자에서 해당 한자와 입력 형식을 지정한 후 [바꾸기] 단추를 누릅니다.

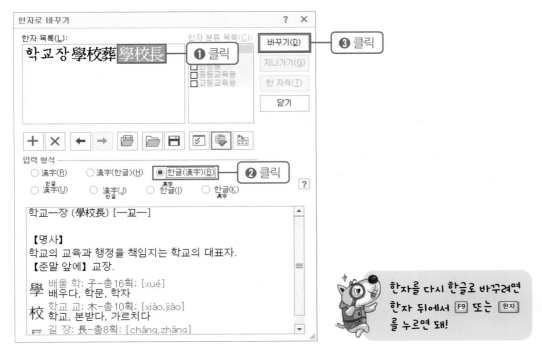

③ '대한민국' 단어를 선택한 후 F9 또는 [한자]를 클릭합니다.

④ [한자로 바꾸기] 대화상자에서 해당 한자와 입력 형식을 지정한 후 [바꾸기] 단추를 클릭합니다.

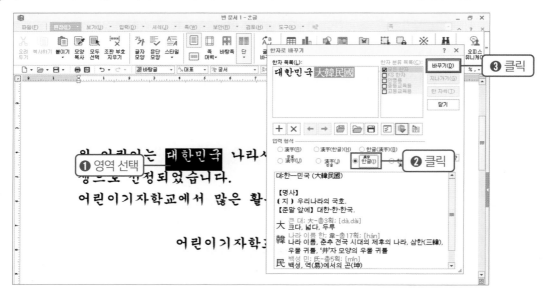

⑤ 같은 방법으로 다음과 같이 '학생' 단어도 한자로 변환한 후 "어린이기자학교 예비기자 선정"으로 저장해봅니다.

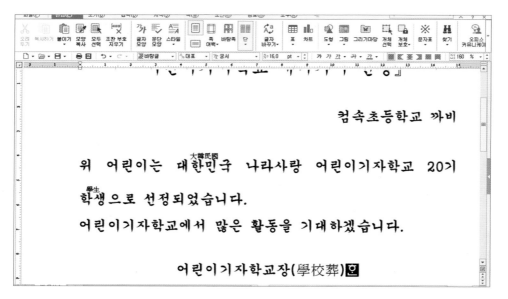

재미 Fun 실력 Up

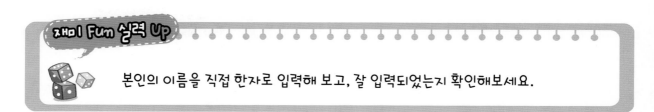

본인의 이름을 직접 한자로 입력해 보고, 잘 입력되었는지 확인해보세요.

1 | 기호 입력 기능을 이용해 다음과 같은 문서를 작성해보세요.

Hint [문자표 입력] 대화상자의 '전각 기호(일반)'을 활용하세요.

2 | 한자 입력 기능을 이용해 다음과 같은 문서를 작성해보세요.

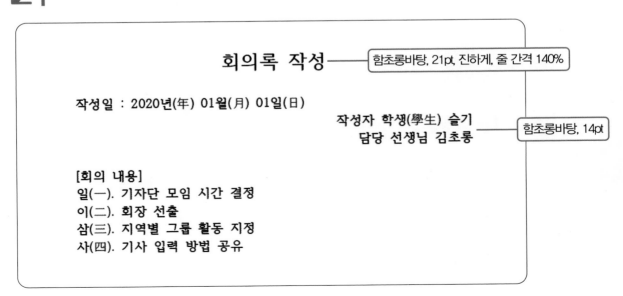

01 쌍둥이 글자를 만들어보아요.

같은 글자를 여러 번 반복해서 입력하면 시간도 많이 걸리겠지요.
복사하기 기능을 이용하면 쉽고 빠르게 같은 글자를 만들 수 있어요.

1 키보드를 이용해 다음과 같은 문서를 작성해 봅니다.

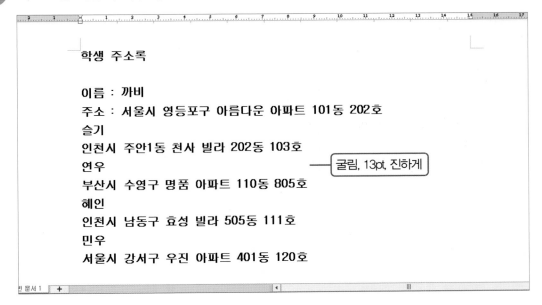

2 마우스 드래그를 이용해 '이름 : ' 글자를 블록으로 지정합니다.

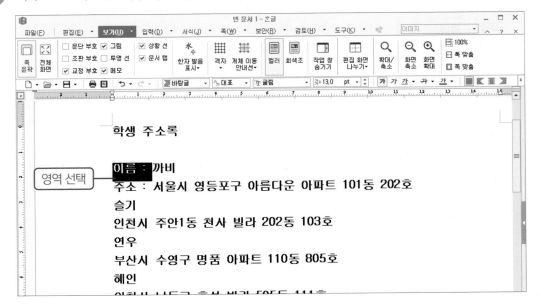

3 [편집]-[복사하기] 메뉴를 누르거나 기본 도구 상자에서 복사하기(📋)를 클릭합니다.

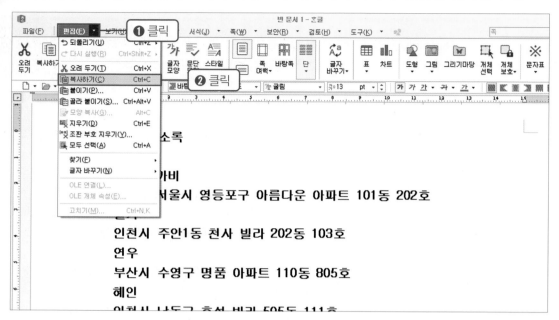

4 '슬기' 글자 앞에 다음과 같이 커서를 위치시킵니다.

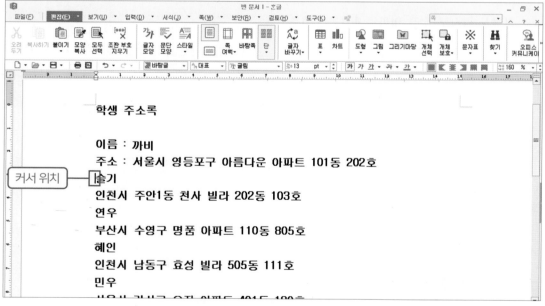

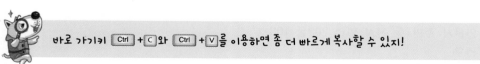

바로 가기키 Ctrl + C 와 Ctrl + V 을 이용하면 좀 더 빠르게 복사할 수 있지!

5 [편집]−[붙이기] 메뉴를 누르거나 기본 도구 상자에서 붙이기(📋)를 클릭합니다.

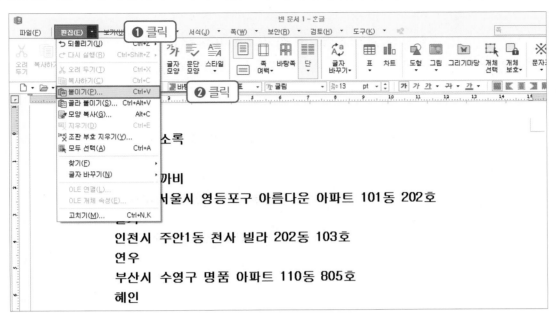

6 이름과 주소를 복사하여 위와 같은 방법으로 다음과 같이 문서를 완성해봅니다.

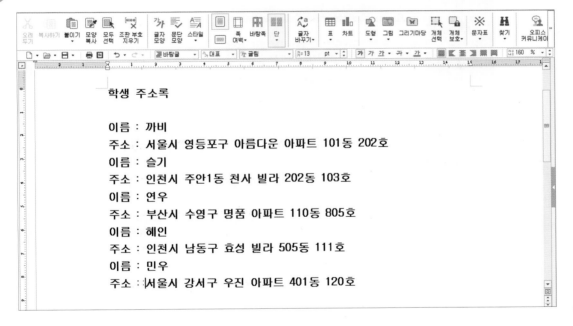

02 글자를 다른 곳으로 이동해 보아요.

복사하기는 여러 번 반복해서 입력하는 작업을 덜어 주는 기능이라면 오려두기는 작업한 문서를 다른 곳으로 이동해 주는 기능이에요.

① `Ctrl` + `A`를 눌러 전체를 선택한 후 [편집]-[오려두기]를 누르거나 기본 도구 상자에서 [오려 두기(✂)]를 클릭합니다.

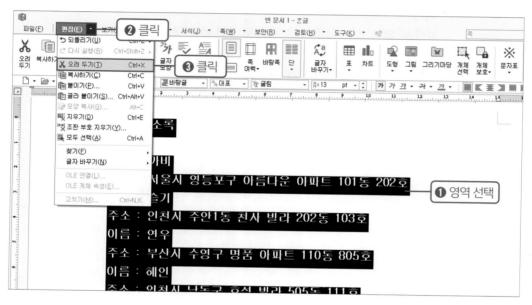

② [파일]-[새문서]-[새 탭]을 누른 후 기본 도구 상자에서 붙이기(📋)를 클릭합니다.

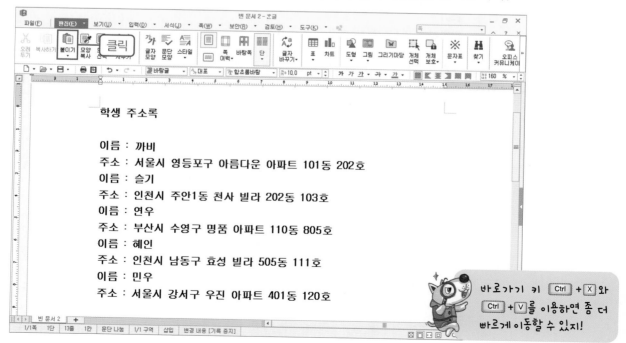

바로가기 키 `Ctrl` + `X` 와 `Ctrl` + `V`를 이용하면 좀 더 빠르게 이동할 수 있지!

쑥쑥! 실력 키우기

1| 복사하기 기능을 이용해 다음과 같은 문서를 작성해보세요.

파란나라♡

파라 나라를 보았니 꿈과 희망이 가득한
파라 나라를 보았니 천사들이 사는 나라
파라 나라를 보았니 **맑은 강물이 흐르는**
파라 나라를 보았니 울타리가 없는 나라

2| 문서를 작성한 후 오려 두기 기능을 이용해 [1절]과 [2절]을 다음과 같이 나눠보세요.

[1절]
곰 세 마리가
한 집에 있어
아빠곰
엄마곰
애기곰
아빠곰은 뚱뚱해
엄마곰은 날씬해
애기곰은 너무 귀여워
으쓱 으쓱 잘한다.

[2절]
곰 세 마리가
한 집에 있어
아빠곰
엄마곰
애기곰
아빠곰은 뚱뚱해
엄마곰은 날씬해
애기곰은 너무 귀여워
으쓱 으쓱 잘한다.

 문서의 모양(글꼴, 글자 크기, 글자 색 등)은 예쁘게 임의로 작성해보세요.

문서마당은 자주 사용하는 문서를 미리 만들어 모아놓은 것으로 필요한 문서를 간단히 불러와 쉽게 문서를 만들 수 있는 기능이에요.

1 [파일]-[새문서]-[문서마당] 메뉴 또는 서식 도구 상자에서 [새문서(📄)]-문서마당(📖)을 클릭합니다.

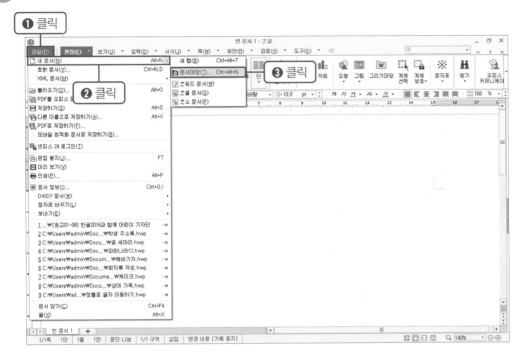

2 [문서마당] 대화상자의 [문서마당 꾸러미] 탭에서 '라벨문서'-'3622-분류 이름표라벨(96칸)'을 선택하고 [열기] 단추를 누릅니다.

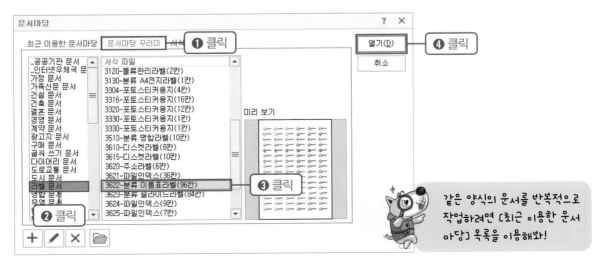

3 다음과 같이 첫 번째 칸에 클릭한 후 방향키를 눌러 누름틀을 표시해봅니다.

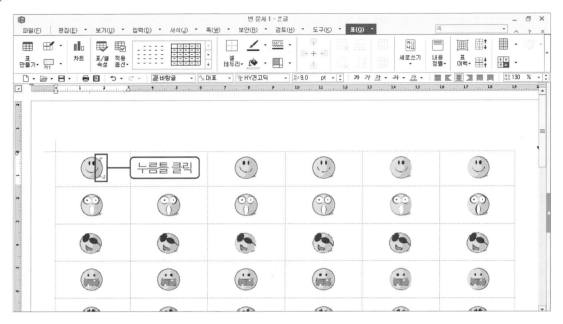

칸을 클릭한 후 방향키를 누르면 『』누름틀이 나타나!

4 표시된 누름틀에 다음과 같은 내용을 입력하고 글자 모양을 지정해봅니다.

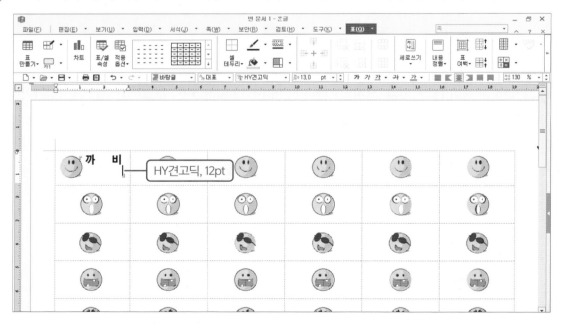

누름틀이란 글자를 예쁘게 입력할 수 있도록 미리 안들어 놓은 곳이야!

5 다음과 같이 영역을 선택한 후 기본 도구 상자에서 복사하기(⬚)를 클릭합니다.

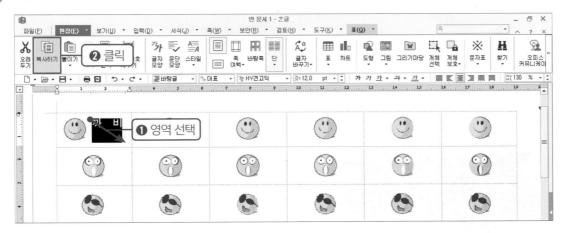

6 다음과 같이 커서를 위치시킨 후 기본 도구 상자에서 붙이기(⬚)를 클릭합니다.

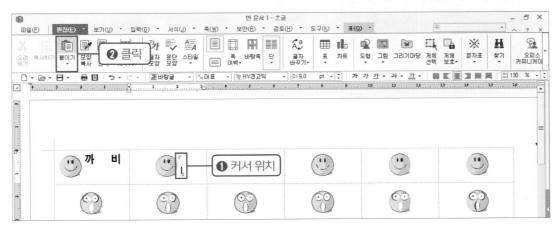

7 같은 방법으로 문서를 완성한 후 "스티커 만들기"로 저장해봅니다.

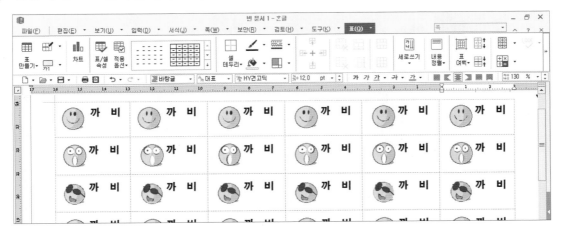

 채울 내용을 복사하고 표를 전체 선택한 후 붙이기를 하면 쉽게 문서를 완성할 수 있지!

쑥쑥! 실력 키우기

1 문서마당을 이용해 예쁜 명함을 만들어보세요.

Hint
- 문서마당 : [명함 문서]–[명함 01]

2 문서마당을 이용해 생일초대장을 만들어보세요.

Hint
- 문서마당 : [초대장 문서]–[생일 초대장 3]
- 문서의 모양(글꼴, 글자 크기, 글자 색 등)은 예쁘게 임의로 작성해 보세요.

01 문단에 자동으로 번호를 넣어보아요.

순서대로 번호가 나열된 문서를 일일이 작성하려면 시간이 많이 걸리겠죠? 문단 번호 기능을 이용하면 순서대로 번호를 쉽게 입력할 수 있어요.

1 다음과 같은 문서를 작성해봅니다.

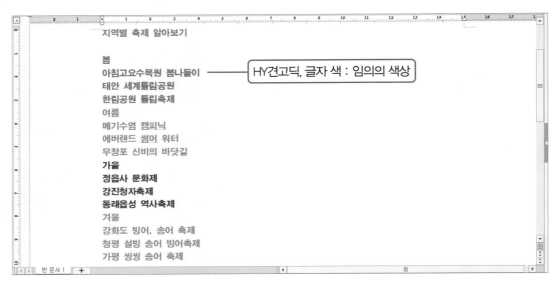

2 '봄' 항목을 블록으로 지정하고 [서식]-[문단 번호 모양] 메뉴를 클릭합니다.

 바로가기 키 Ctrl + K + N 을 이용하면 빠르게 문단 번호를 지정할 수 있어!

3 [문단 번호/글머리표] 대화상자의 [문단 번호] 탭에서 해당 문단 번호 모양을 선택하고 [설정] 단추를 클릭합니다.

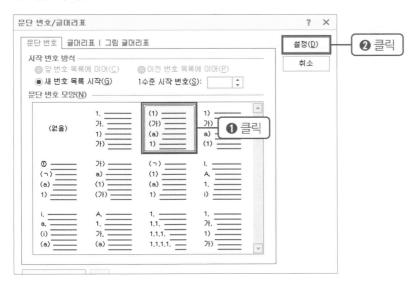

4 '여름', '가을', '겨울'도 다음과 같이 문단 번호를 지정해봅니다.

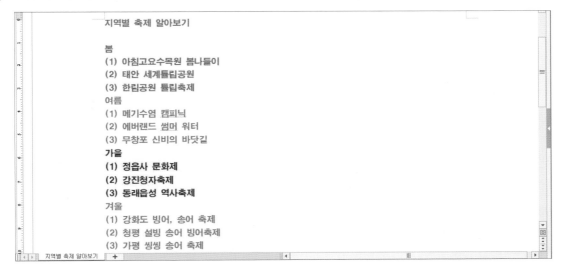

컴속 해결사

시작 번호 방식 알아보기

• 앞 번호 목록에 이어 : 앞에서 이미 지정한 문단 번호에 연결해서 번호를 지정해요.

• 새 번호 목록 시작 : 앞에서 지정한 문단 번호가 있던 없던 상관없이 새로운 번호로 지정해요.

• 1수준 시작 번호 : 시작 번호를 임의로 지정해요.

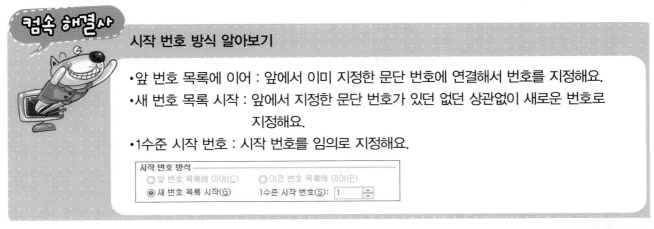

02 문단 번호로 글머리표를 이용해 보아요.

다양한 기호를 이용해 문단 번호를 지정할 수도 있어요.
이번 장에서는 다양한 기호를 이용해 문서를 보기 좋게 정리하는 방법을 알아보아요.

① '봄'을 블록으로 지정하고 [서식]-[문단 번호 모양] 메뉴를 클릭합니다.

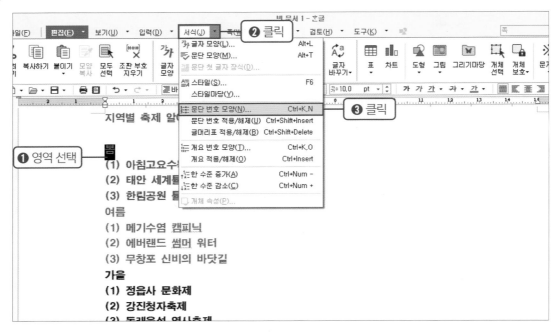

② [문단 번호/글머리표] 대화상자의 [그림 글머리표] 탭에서 해당 글머리표 모양을 선택하고 [설정] 단추를 클릭합니다.

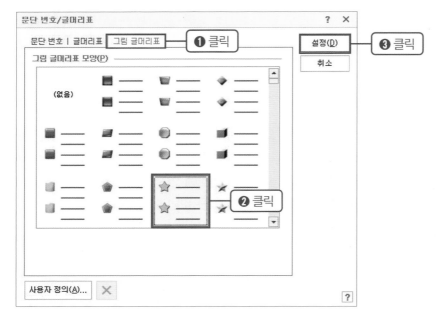

③ '여름'을 블록으로 지정하고 [서식]–[문단 번호 모양] 메뉴를 누릅니다.

④ 다음과 같이 대화상자가 나타나면 항목을 하나 선택한 후 차례대로 [사용자 정의] 단추와 [문자표] 단추를 누릅니다.

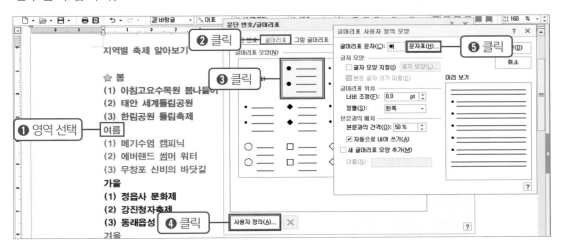

⑤ [문자표 입력] 대화상자에서 해당 기호를 선택하고 [넣기] 단추를 누른 후, [설정] 단추를 순서대로 누릅니다.

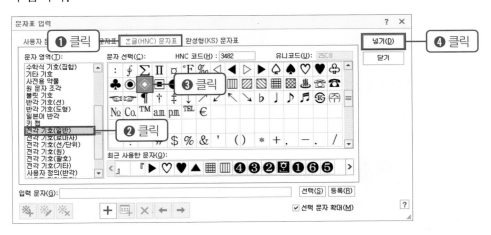

⑥ '가을'과 '겨울'도 글머리표를 자유롭게 추가해봅니다.

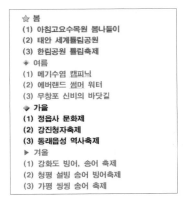

쑥쑥! 실력 키우기

1 문단 번호 기능을 이용해 다음과 같은 문서를 만들어보세요.

> HY목각파임B, 20pt, 글자색 : 진달래색, 음영색 : 노른자색

올바른 손 씻기 6단계

① 손바닥과 손바닥을 마주대고 문질러 준다. ── HY목각파임B, 12pt
② 손등과 손바닥을 마주대고 문질러 준다.
③ 손바닥을 마주대고 손깍지를 끼고 문질러 준다.
④ 손가락을 마주 잡고 문질러 준다.
⑤ 엄지손가락을 다른 편 손바닥으로 돌려주면서 문질러 준다.
⑥ 마지막으로 손가락을 반대편 손바닥에 놓고 문지르며 손톱 밑을 깨끗이 해준다.

2 문단 번호 기능을 이용해 다음과 같은 문서를 만들어보세요.

> 한컴 바겐세일 B, 20pt, 글자색 : 임의의 색

[여름철 식중독 예방법]

■ 날 음식과 조리된 음식이 섞이지 않도록 합니다. ── 한컴 바겐세일 B, 15pt
■ 식재료들 간에 도마와 칼을 구분하여 사용합니다.
■ 날 음식은 익혀먹고, 손을 자주 씻습니다.

01 글맵시로 제목을 만들어보아요.

글맵시를 이용하면 나만의 예쁘고 멋진 글자를 만들 수 있어요. 글맵시를 이용해 제목을 예쁘게 꾸미는 방법을 알아보아요.

1 [입력]-[개체]-[글맵시] 메뉴를 누르거나 기본 도구 상자에서 글맵시(ﾖﾎ)를 클릭합니다.

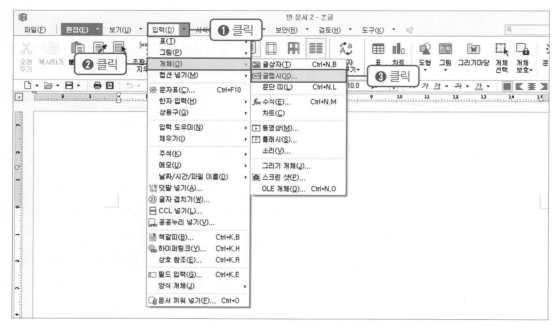

2 [글맵시 만들기] 대화상자에서 내용으로 "어린이 기자단"을 입력하고 글꼴로 '휴먼옛체'를 지정하고 [설정] 단추를 누릅니다.

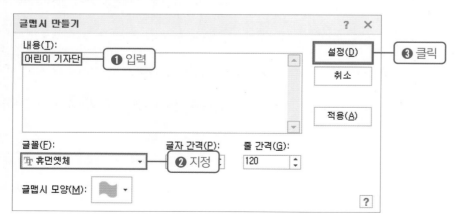

 [적용] 단추는 대화상자를 닫지 않고 현재 값을 지정하는 거야!

③ 글맵시를 마우스로 선택하고 [🄰] 탭에서 글맵시 모양(◀)을 클릭합니다.

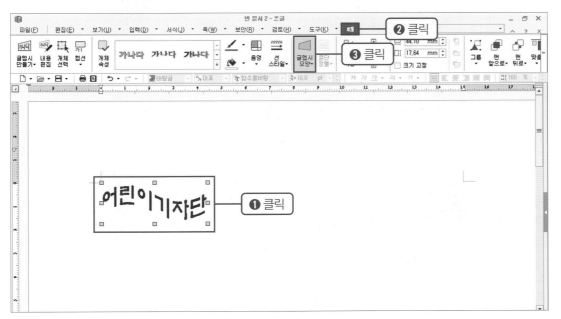

④ '위쪽으로 팽창(◉)'을 선택합니다.

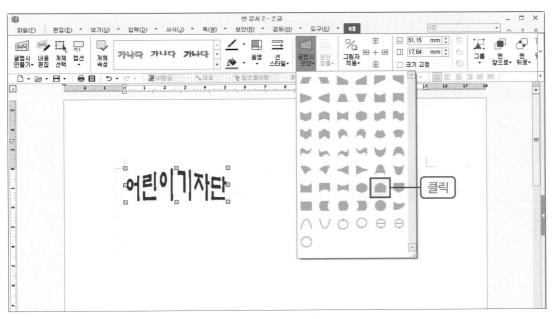

 글자 모양을 이용하면 나만의 재미있는 글자를 쉽게 만들 수 있지!

02 글맵시로 세련된 글자를 만들어보아요.

글맵시의 다양한 기능을 이용해 글자를 세련되게 꾸밀 수 있어요.
이번 장에서는 다양한 기능으로 나만의 세련되고 멋진 글자를 만들어보아요.

① [🔲] 탭에서 채우기(🅰)를 이용해 색을 지정합니다.

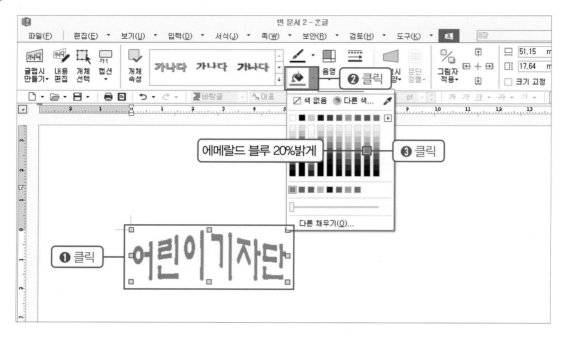

② [🔲] 탭에서 그림자 모양(%)을 이용해 그림자를 지정합니다.

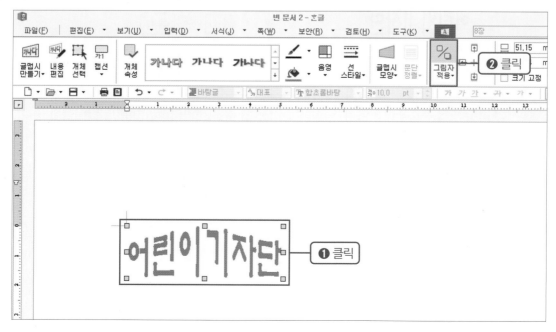

③ 작성한 글맵시를 더블클릭한 후 [개체 속성] 대화상자의 [기본] 탭에서 '글자처럼 취급'을 [글맵시] 탭에서 X 위치 '1%', Y 위치 '1%'를 지정합니다.

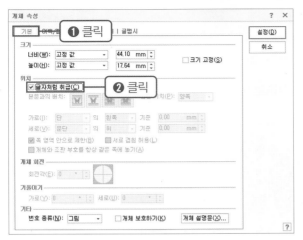
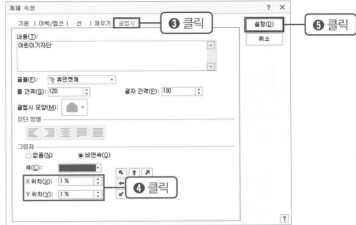

④ 마우스 드래그를 이용해 글맵시의 크기를 조절한 후 다음과 같이 문서를 완성해봅니다.

재미 Fun 실력 Up

글맵시 개체 속성에서 그림자의 X 위치와 Y 위치를 임의로 조절하여 글맵시의 그림자 변화를 알아보세요.

쑥쑥! 실력 키우기

1 글맵시를 이용해 다음과 같은 본인의 이름을 꾸며보세요.

까비 까 비
꺠 까비

 글맵시 모양으로 ⬡/⯆/▢/◔을 적용하세요.

2 글맵시를 이용해 다음과 같은 문서를 만들어보세요.

사이버 윤리는 사이버 공간에서 지켜야 할 예절을 말한다.

[지켜야할 예절]
상대방에게 불쾌함을 주는 행위를 하지 않는다.
익명으로 상대방을 비방하지 않는다.
상대방에게 언어폭력을 하지 않는다.

 글맵시 모양으로 ⬯을 적용하세요

01 글상자로 글자를 활용해보아요.

글자를 원하는 곳에 자유롭게 쓰고 싶은데 잘 안된다고요? 글상자를 이용해 보세요. 원하는 곳에 예쁜 글자를 쓸 수 있어요.

1 글맵시를 완성한 후, [편집] 탭-[도형]에서 가로 글상자(▤)를 클릭하고 마우스 포인터가 '+' 모양이 되면 다음과 같이 글상자를 만듭니다.

HY헤드라인M, ▨모양
면색 : 진달래색, 그림자(X 위치 : 1%, Y 위치 : 1%),
글자처럼 취급, 가운데 정렬

2 글상자를 마우스로 선택하고, [▨] 탭에서 채우기(▧)를 이용해 색(노른자색)을 지정합니다.

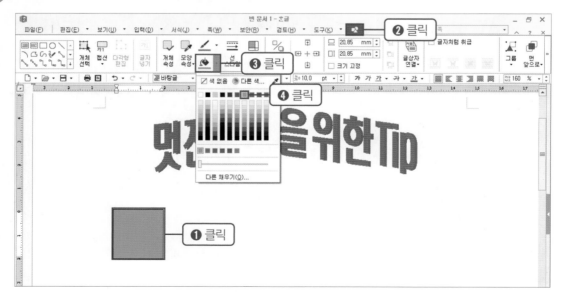

③ 글상자가 선택된 상태에서 [　] 탭의 [선스타일(　)]-선 종류(　선 종류　)에서 '선 없음'을 지정합니다.

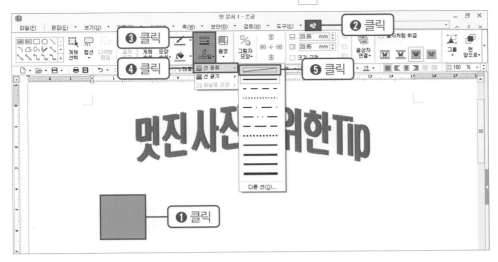

④ 글자를 입력한 후 다음과 같이 Ctrl +드래그를 이용해 글상자를 복사합니다.

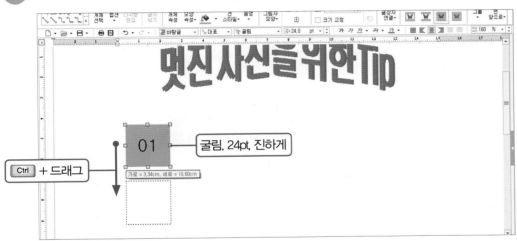

⑤ 위와 같은 방법을 이용해 다음과 같이 글상자를 완성해 봅니다.

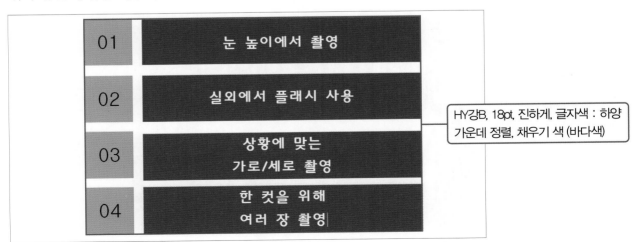

그리기마당 속의 숨은 그림을 찾아보아요.

그리기마당은 예쁜 그림들을 미리 만들어 모아 놓은 곳이에요. 그리기마당에는 어떤 그림들이 숨어 있는지 함께 알아볼까요!

1 [편집] 탭에서 [그리기마당(▧)]을 클릭하고 [그리기마당]–[그리기 조각] 탭에서 '취미문화(생활)' 꾸러미–'수동카메라'를 선택한 다음 [넣기] 단추를 누릅니다.

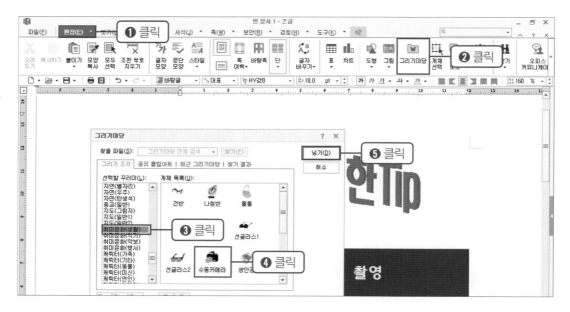

2 마우스 포인터가 '+' 모양이 되면 마우스 드래그를 이용해 그림을 작성합니다.

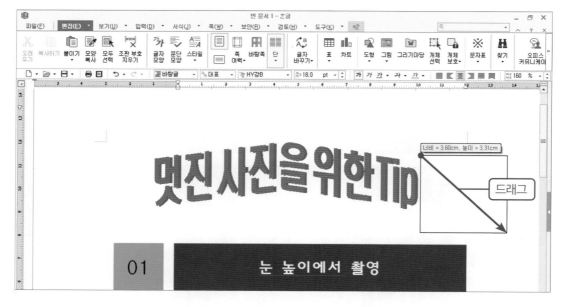

3 그림을 선택한 후 [🖼] 탭에서 [회전(🔄회전)]-좌우 대칭(🔽)을 클릭합니다.

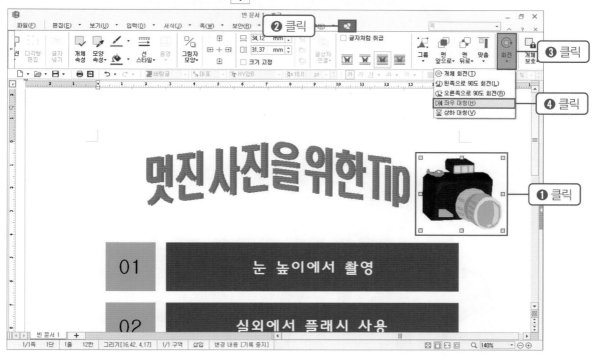

 그림을 회전하거나 좌우/상하 대칭하여 자유자재로 위치를 바꿀 수 있어!

1 그리기마당을 이용해 다음과 같은 문서를 만들어보세요.

Hint
• 그리기마당 : '생활(가구)', '아이콘(음식)' 꾸러미를 이용할 것

2 글상자와 그리기마당을 이용해 다음과 같은 문서를 만들어보세요.

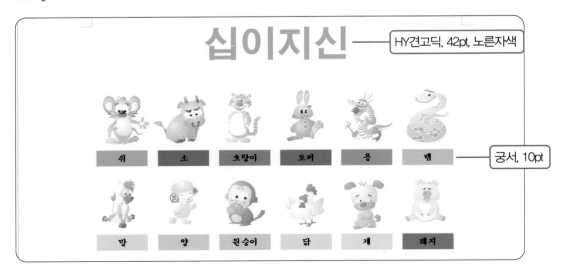

십이지신 ─ HY견고딕, 42pt, 노른자색

뱀 ─ 궁서, 10pt

Hint
• 그리기마당 : '전통(십이지)' 꾸러미를 이용할 것

10장 체험학습 프로그램 참여하기

🔍오늘의 미션

- 그리기 도구 이용하기
- 개체 그룹으로 지정하기

그리기 도구를 이용하면 어떨까?
도형뿐만 아니라
다양한 선도 그릴 수 있어!

체험 학습관련 문서를
만들려고 하는데 예쁜 도형과
선은 어떻게 그리는 걸까?

전통문화
체험관

안전
체험관

소방
체험관

만화
박물관

미션 Hint

- **그리기 도구 이용하기** : 그리기 도구 상자는 직접 그림을 그리고 관리할 수 있도록 관련된 기능을 모아 놓은 곳입니다.
- **개체 그룹으로 지정하기** : 여러 개의 그림을 묶어서 하나의 그림처럼 이동과 크기 조절 등을 자유롭게 할 수 있습니다.

01 그리기 도구를 이용해보아요.

그리기 도구를 이용하면 도형과 선을 원하는 위치에 원하는 모양으로 그릴 수 있어요. 어떤 도형과 선을 그릴 수 있는지 함께 알아보아요.

1 [편집] 탭-[도형]에서 가로 글상자(▤)를 이용해 다음과 같이 완성해봅니다.

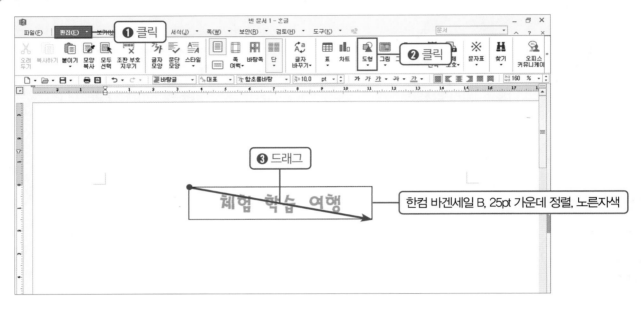

2 글상자를 더블클릭한 후 [개체 속성]의 [선] 탭에서 '선 없음'과 '반원'을 선택, [채우기] 탭에서 '아마겟돈' 그러데이션을 지정합니다.

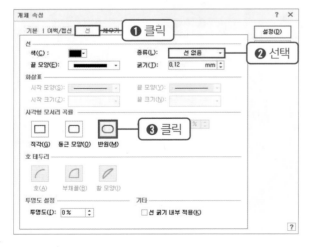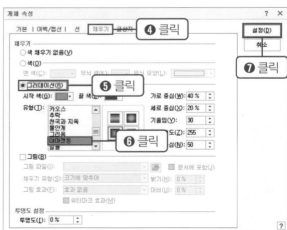

③ [편집] 탭-[도형]에서 타원(◯)을 클릭하고 마우스 포인터가 '+' 모양이 되면 다음과 같이 도형을 그립니다.

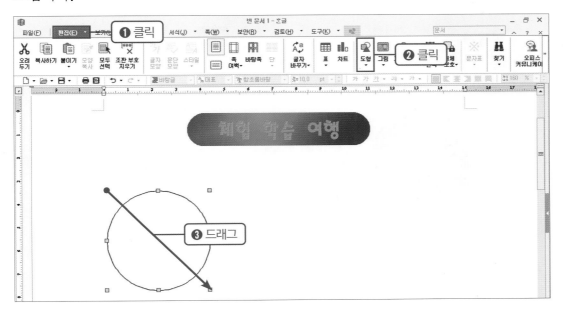

④ 도형이 선택된 상태에서 [▣] 탭의 채우기(◆)를 이용해 색을 지정하고, 선 종류(▤ 선 종류　▾)에서 '선 없음'을 지정합니다.

⑤ 글자를 입력하기 위해 도형에서 마우스 오른쪽 단추를 누른 후 [도형 안에 글자 넣기] 메뉴를 누릅니다.

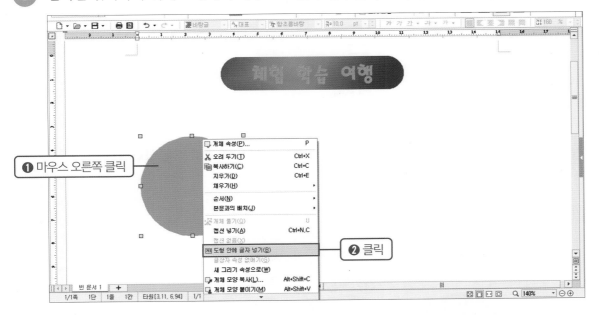

[글자 넣기] 메뉴를 이용하면 도형을 글상자처럼 활용할 수 있지!

6 위와 같은 방법을 이용해 다음과 같이 도형을 완성해봅니다.

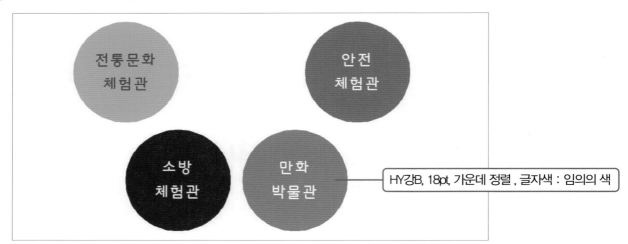

HY강B, 18pt, 가운데 정렬 , 글자색 : 임의의 색

7 [편집] 탭-[도형]에서 직선(◇)을 클릭하여 선을 그린 후 [◢] 탭의 [선스타일(◻)]-선 굵기 (◻선 굵기   ▾)를 클릭하여 선의 굵기를 조절합니다.

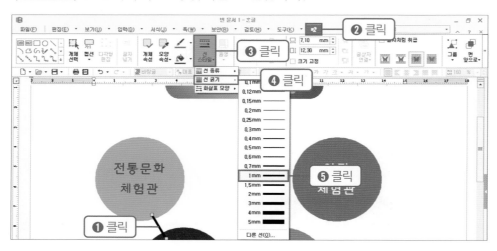

8 위와 같은 방법을 이용해 직선을 그리고, 그리기마당(◻)을 이용해 그림을 완성합니다.

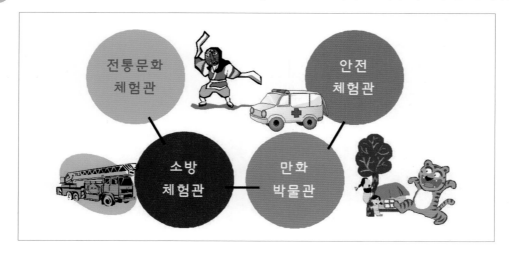

02 여러 도형을 하나의 도형으로 만들어보아요.

작성한 여러 도형은 개체 묶기를 이용해 하나의 도형으로 만들 수 있습니다. 이번 장에서는 여러 도형을 하나로 묶는 방법을 함께 알아보아요.

1 탭에서 개체 선택(□)을 클릭하고 마우스 드래그를 이용해 도형 전체를 선택합니다.

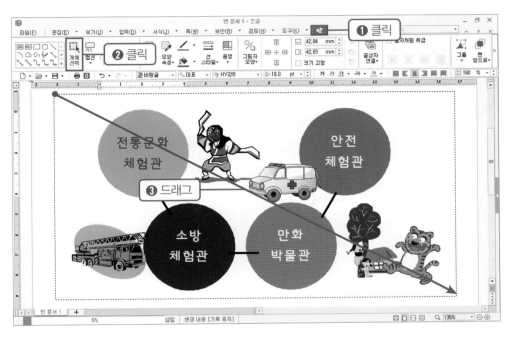

2 마우스 오른쪽 단추를 누른 후 개체 묶기(🔳)를 클릭하여 도형을 하나로 만듭니다.

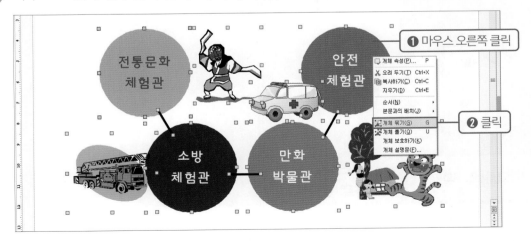

 묶여진 개체를 다시 풀려면 개체 풀기(🔳)를 누르면 돼!

1 그리기 도구를 이용해 다음과 같은 문서를 만들어보세요.

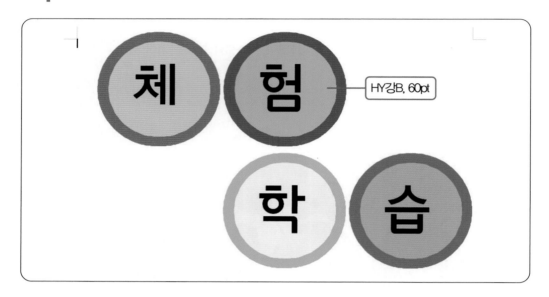

HY강B, 60pt

2 그리기 도구와 그리기마당을 이용해 다음과 같은 문서를 만들어보세요.

그림의 떡

모든 길은
로마로 통한다.

불난데
부채질하기

HY견고딕, 15pt

Hint • 그리기마당 : '전통(속담)' 꾸러미를 이용할 것

01 인터넷에서 사진을 다운로드하여 보아요.

문서에 사진을 넣으려면 해당 사진이 컴퓨터 속에 있어야겠지요? 인터넷에서 필요한 사진을 찾아 다운로드 하는 방법을 먼저 알아보아요.

① 크롬을 실행한 후 검색창에 '한국민속촌'으로 검색하고 임의의 그림 위에서 마우스 오른쪽 단추를 누른 후 [이미지를 다른 이름으로 저장] 메뉴를 클릭합니다.

▲ 웹브라우저 '크롬(Chrome)' 사용

② [그림 저장] 대화상자가 나타나면 원하는 위치에 "민속촌"으로 저장합니다.

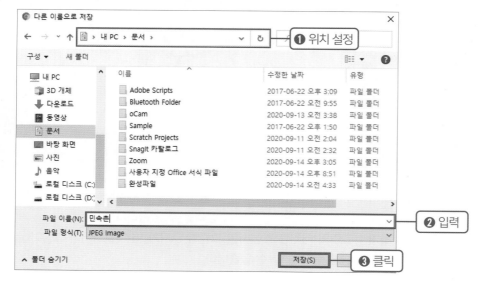

3 그리기마당을 이용해 다음과 같이 문서를 완성해봅니다.

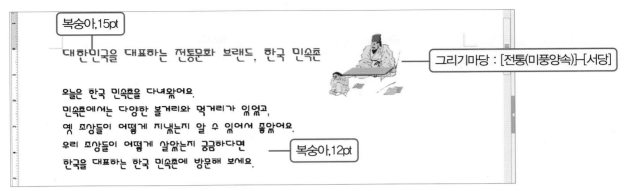

4 그림을 삽입하기 위해 [입력]–그림(📷)을 클릭하거나 Ctrl + N, I 를 누릅니다.

5 [그림 넣기] 대화상자가 나타나면 '민속촌' 파일을 찾아 선택하고 [마우스로 크기 지정] 항목을 클릭한 후 [넣기] 단추를 누릅니다.

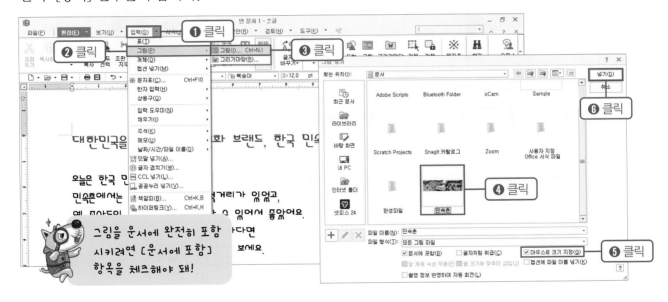

6 마우스 드래그를 이용해 그림의 크기를 적절히 조절해봅니다.

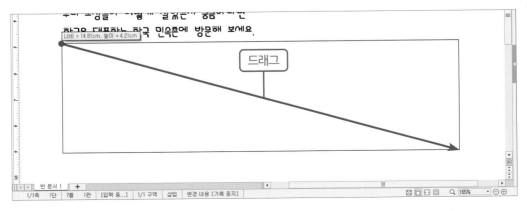

02 그림과 글자의 배치를 조절해보아요.

그림의 배치를 조절하면 그림과 글자가 겹치게 하거나 그림이 글자 뒤로 숨도록 할 수 있답니다. 그림의 배치를 조절하는 방법을 알아보아요.

1 그림의 배치를 조절하기 위해 그림을 더블클릭하고 [개체 속성] 대화상자의 [기본] 탭에서 자리 차지 (▣)를 클릭합니다.

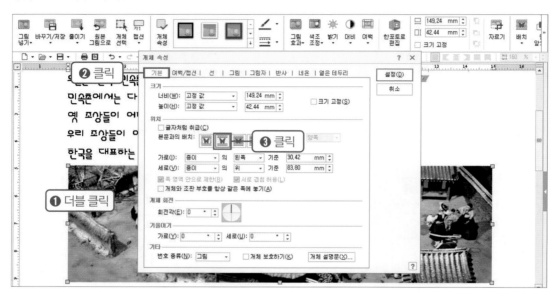

2 [개체 속성] 대화상자의 [여백/캡션] 탭의 [바깥 여백]에서 위쪽, 아래쪽을 2mm'로 지정하고 [설정] 단추를 클릭합니다.

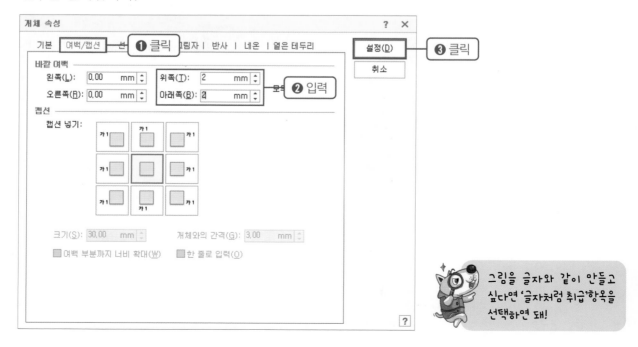

그림을 글자와 같이 만들고 싶다면 '글자처럼 취급'항목을 선택하면 돼!

3 모양 조절점을 이용해 그림의 위치와 크기를 다음과 같이 조절해봅니다.

4 글자와 그림을 겹치게 하기 위해 [개체속성]-[기본] 탭에 글 뒤로(▓)를 클릭합니다.

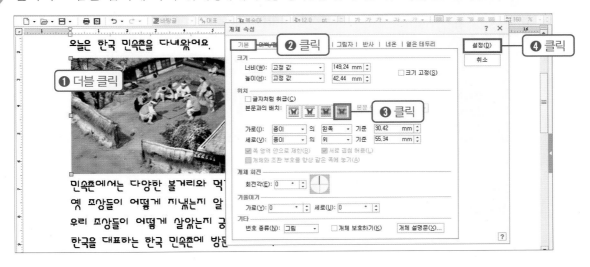

5 [▓] 탭의 밝기(☀)에서 '밝게, +50%'를 선택하여 그림의 밝기를 조절합니다.

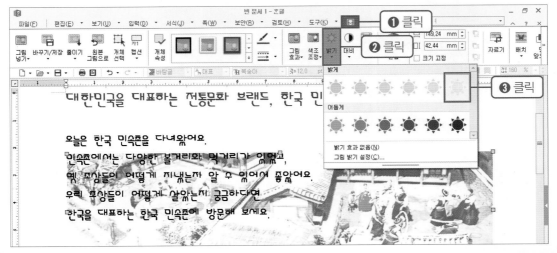

쑥쑥! 실력 키우기

1 그림을 이용해 다음과 같은 문서를 완성해보세요. (인터넷 검색어 : '경주문화관광')

신라 천년의 고도, 경주 역사 이야기 ──── HY강B, 15pt, 글자색 : 임의의 색

배치 : 어울림

이곳 경주는 노천 박물관이라고 불릴 만큼 가는 곳마다 그 옛날 문화의 정수를 담은 사찰, 석불 등 많은 사적지와 유물이 곳곳에 산재해 있어 찬란했던 그 때의 문화와 예술 그리고 왕조의 영화를 더듬을 수 있다. ──── HY강B, 12pt, 글자색 : 임의의 색

특히 동북아시아의 독창적인 문화를 우리 민족 문화사에 가장 황금시기였던 통일신라문화의 도도한 향기와 정취가 흔적마다 스며들고, 그 유현한 예술적 신비감을 자아내게 하는 세계에 자랑스러운 동양의 그리스라고 불릴 만큼 손색이 없다.

Hint
- 경주문화관광 사이트(http://www.gyeongju.go.kr/tour/)를 활용해보세요.
- 위치 : [문화재·역사]-[경주의 역사]-[역사이야기]
- 그리기마당 : [전통(미풍양속)]-[차전놀이]

2 그리기 도구와 그리기마당을 이용해 다음과 같은 문서를 만들어보세요.

경복궁의 사계절 ──── 복숭아, 20pt, 글자색 : 임의의 색

Hint
- 문화재청 경복궁 사이트(http://www.royalpalace.go.kr/)를 활용해보세요.
- 위치 : [미리 보는 경복궁]

01 파일 끼워 넣기로 문서를 완성해보아요.

예전에 작성한 문서를 활용하고 싶다고요? 파일 끼워 넣기를 이용해 보세요.
파일 끼워 넣기를 이용하면 쉽게 예전에 작성한 문서를 활용할 수 있어요.

1 다음과 같은 문서를 작성한 후 원하는 위치에 '체험 후기'로 저장해봅니다.

> 어린이기자학교 5기 수료생 까비
>
> 일주일 동안 어린이예비기자가 되어, 박물관, 전시회, 청와대 등도 둘러보고, 신문제작과정도 알아보고, 조원들과 직접 취재도 해보고, 원고도 써보고, 많은 지식과 값진 경험을 남겨준 체험이었던 것 같다. 정말 훌륭하고 멋진 기자가 될 것만 같다.

2 다시 한글 프로그램을 열고 다음과 같은 문서를 작성해봅니다.

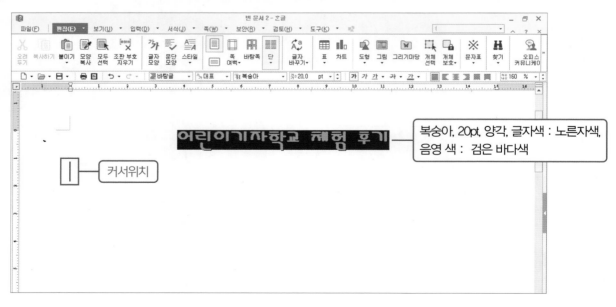

복숭아, 20pt, 양각, 글자색 : 노른자색,
음영 색 : 검은 바다색

커서위치

3 작성했던 파일을 끼워 넣기 위해 [입력]–[문서 끼워 넣기] 메뉴를 클릭합니다.

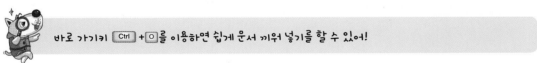

바로 가기키 Ctrl + O 를 이용하면 쉽게 문서 끼워 넣기를 할 수 있어!

4 [문서 끼워 넣기] 대화상자에서 '체험 후기.hwp' 파일을 선택하고 [열기] 단추를 클릭합니다.

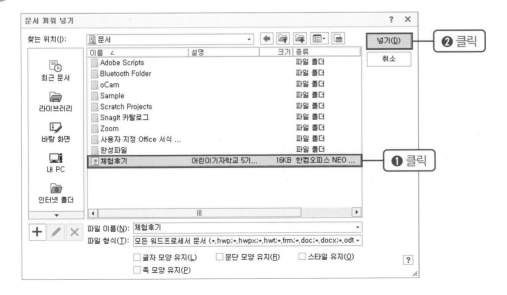

원고지에 글을 작성해보아요.

문서를 작성하다 보면 원고지를 이용해야 하는 경우도 종종 있을 거예요. 이럴 경우 원고지 쓰기 기능을 이용하면 편리하겠지요.

1 입력된 문서를 원고지로 변환하기 위해 [쪽]-[원고지] 메뉴를 클릭합니다.

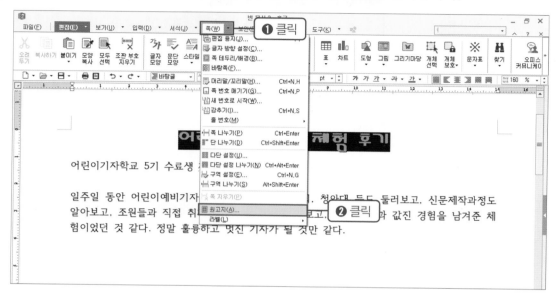

2 [원고지] 대화상자에서 [현재 문서에서 내용을 가져다 채움] 항목을 지정하고 [열기] 단추를 클릭합니다.

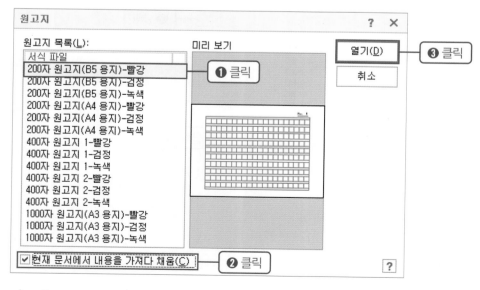

 '현재 문서에서 내용을 가져다 채움' 항목을 체크하지 않으면 새 문서창에 새 원고지가 작성돼!

3 입력된 문서가 원고지로 변환된 것을 확인한 후 '체험 후기(원고지)'로 저장해봅니다.

재미 Fun 실력 UP

01. [문서 마당] 대화상자의 [문서마당 꾸러미] 탭에도 원고지 관련 서식 파일이 있는지 확인해보세요.

02. 200자 원고지에 애국가를 4절까지 입력하고 "하느님"이란 단어가 몇 개가 있는지 개수를 세어보세요.

쑥쑥! 실력 키우기

1 다음과 같은 문서를 작성한 후 저장해보세요.
- 저장 파일명 : '사진'

 Hint
- 국립중앙박물관 어린이박물관(http://www.museum.go.kr/site/child/home)
- 위치 : 눈부신 황금나라 신라

- 저장 파일명 : '내용'

지금으로부터 약 이천 년 전 한반도에 '신라'라는 나라가 있었어요.
신라에는 커다란 무덤들이 있었어요. 무덤 속에는 금관, 반지, 귀걸이, 팔찌 등 황금으로 만든 화려하고 아름다운 물건들이 많이 있었어요. 또한 실크로 드를 따라 전해진 것으로 보이는 금팔찌, 유리구슬, 유리잔 등이 발견되었어요.
아름다운 물건을 만들고 사용했던 신라는 어떤 나라일까요?
신라 어린이와 아랍 친구를 따라가 보세요.
찬란했던 고대 왕국, 신라의 세계가 펼쳐질 거예요

2 파일 끼워 넣기 기능을 이용해 다음과 같은 문서를 완성해보세요.

 Hint
- 문서의 모양(글꼴, 글자 색, 글자 크기 등)을 예쁘게 임의로 작성해보세요.
- 출처 : 국립중앙박물관 어린이박물관 (http://www.museum.go.kr/site/child/home)

표로 깔끔한 문서를 만들어보아요.

표를 이용하면 깔끔하게 정리된 문서를 만들 수 있어요.
표를 만들 때는 먼저 줄과 칸의 수를 생각하고 만들어야 해요.

1 '어린이기자단 5기 명단'을 작성하고 [입력]-[표]-[표 만들기] 또는 [편집] 탭의 기본 도구 상자에서 표(▦)를 클릭합니다.

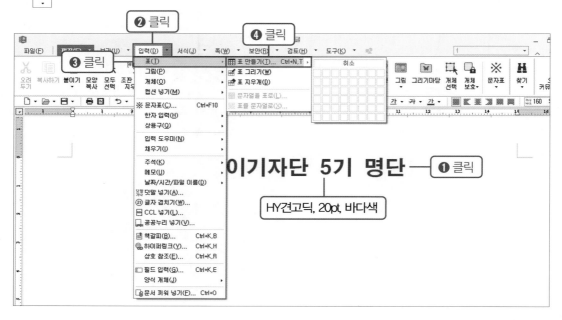

2 [표 만들기] 대화상자에서 줄 수 '5'와 칸 수 '3'을 지정하고 '글자처럼 취급'을 체크한 후 [만들기] 단추를 누릅니다.

 '글자처럼 취급'을 선택하면 표를 일반 글자처럼 정렬할 수 있어요!

02 표 크기를 내 맘대로 조절해보아요.

마우스나 키보드를 이용해 표의 크기를 마음대로 조절할 수 있어요.
이번 장에서는 표의 크기를 자유자재로 조절하는 방법을 알아보아요.

① 표에 글자를 입력하고 마우스 포인터가(✛)모양으로 변하면 드래그하여 크기를 조절해봅니다.

어린이기자단 5기 명단

성명	학교	소개
까비	컴속초등학교	호기심 강한 개구쟁이
슬기	컴속초등학교	예쁘고 똑똑한 내친구
뚱이	해님초등학교	먹거리를 달고 다니는 아이
한별	초롱초등학교	별처럼 눈이 초롱한 아이

드래그

② 위와 같은 방법으로 다른 칸의 너비도 조절하고 마우스 드래그를 이용해 표를 블록으로 지정합니다.

어린이기자단 5기 명단

드래그

성명	학교	소개
까비	컴속초등학교	호기심 강한 개구쟁이
슬기	컴속초등학교	예쁘고 똑똑한 내친구
뚱이	해님초등학교	먹거리를 달고 다니는 아이
한별	초롱초등학교	별처럼 눈이 초롱한 아이

키보드로 블록을 지정 하려면 F5 와 방향키(←/→/↑/↓)를 이용하면 돼!

3 Ctrl + ↓를 이용해 표의 세로 크기를 조절해봅니다.

어린이기자단 5기 명단

성명	학교	소개
까비	컴속초등학교	호기심 강한 개구쟁이
슬기	컴속초등학교	예쁘고 똑똑한 내친구
뚱이	해님초등학교	먹거리를 달고 다니는 아이
한별	초롱초등학교	별처럼 눈이 초롱한 아이

4 글자 모양을 다음과 같이 지정해봅니다.

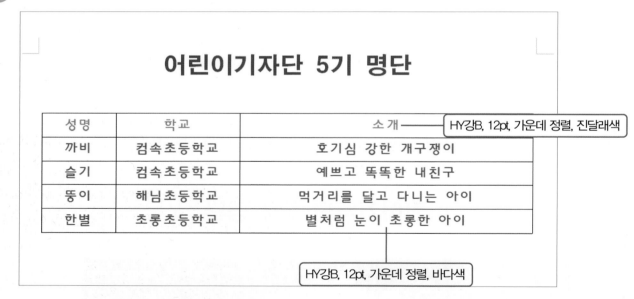

어린이기자단 5기 명단

성명	학교	소개 ── HY강B, 12pt, 가운데 정렬, 진달래색
까비	컴속초등학교	호기심 강한 개구쟁이
슬기	컴속초등학교	예쁘고 똑똑한 내친구
뚱이	해님초등학교	먹거리를 달고 다니는 아이
한별	초롱초등학교	별처럼 눈이 초롱한 아이

HY강B, 12pt, 가운데 정렬, 바다색

컴속 해결사

방향키를 이용한 셀 크기 조절

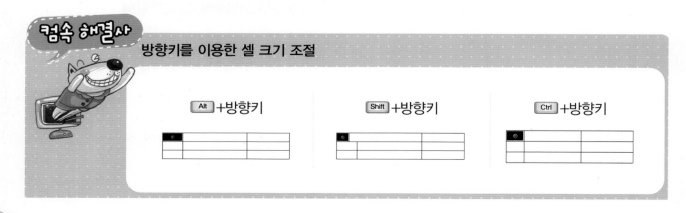

Alt +방향키	Shift +방향키	Ctrl +방향키

1 표를 이용해 다음과 같은 문서를 작성해보세요.

동화 속 주인공 알아보기 ── HY강B, 17pt, 가운데 정렬, 에메랄드 블루

동화 이름	동화 삽화	주인공 이름
선녀와 나무꾼		선녀 ── 복숭아, 12pt 나무꾼
흥부와 놀부		흥부 놀부 제비
청개구리		개구리 엄마 개구리 아들

그리기마당 : 전통(전래동화)

2 표를 이용해 다음과 같은 문서를 작성해보세요.

빙고판 만들기 ── HY견고딕, 20pt, 가운데 정렬, 음영 : 노른자색

1	22	17	13	8
18	2	12	4	7
16	11	21	9	23
15	3	10	5	24
25	19	20	6	14

굴림, 20pt, 진하게, 루비색 ── 23

01 셀을 합치고 나눠보아요.

셀 합치기와 셀 나누기를 이용하면 여러 셀들을 하나로 합치거나 하나의 셀을 여러 개로 나눌 수 있어요. 자유
자재로 표를 만드는 방법을 알아보아요.

1 [입력]–[표]–[표 만들기] 또는 [편집] 탭의 기본 도구 상자에서 표( )를 클릭합니다.

2 [표 만들기] 대화상자에서 줄 수 '6'과 칸 수 '2'를 지정하고 '글자처럼 취급'을 체크한 후 [만들기]
단추를 클릭합니다.

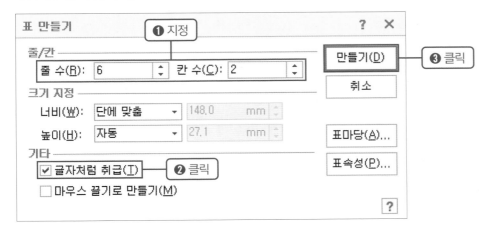

3 첫 행을 다음과 같이 블록으로 지정하고 마우스 오른쪽 단추를 눌러 [셀 합치기] 메뉴를 누릅니다.

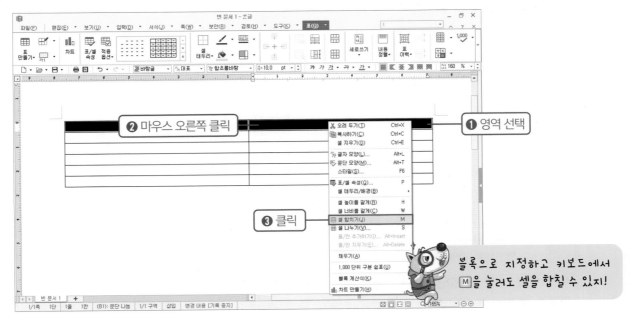

블록으로 지정하고 키보드에서
M을 눌러도 셀을 합칠 수 있지!

④ 다음과 같이 블록을 지정한 후 마우스 오른쪽 단추를 눌러 [셀 나누기] 메뉴를 클릭합니다.

⑤ [셀 나누기] 대화상자에서 [칸 수]에 '2'를 입력하고 [나누기] 단추를 클릭합니다.

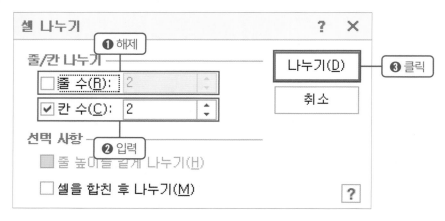

⑥ 다음과 같이 표를 완성해봅니다.

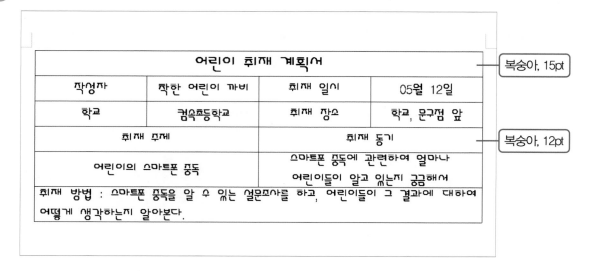

02 알록달록 예쁜 표를 만들어보아요.

표에도 예쁜 색을 넣을 수 있고 테두리도 꾸밀 수 있답니다.
예쁜 색을 넣거나 테두리를 꾸미며 나만의 알록달록한 표를 만들어 볼까요.

1 첫 행에 커서를 위치시킨 후 마우스 오른쪽 단추를 눌러 [셀 테두리/배경]-[각 셀마다 적용] 메뉴 또는
[표] 탭에 셀 배경 색(◆)을 클릭합니다.

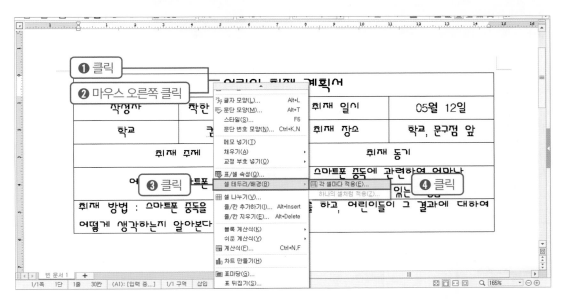

2 [셀 테두리/배경] 대화상자의 [배경] 탭에서 면 색을 지정하고 [설정] 단추를 클릭합니다.

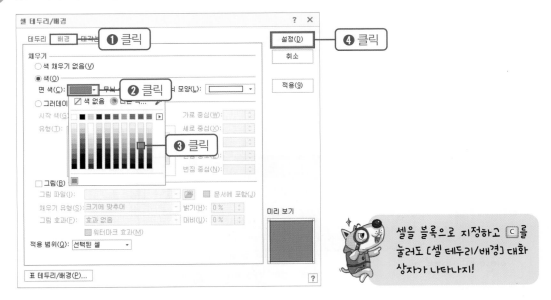

셀을 블록으로 지정하고 C를
눌러도 [셀 테두리/배경] 대화
상자가 나타나지!

3 표 전체를 블록으로 지정한 후 마우스 오른쪽 단추를 눌러 [셀 테두리/배경]-[각 셀 마다 적용] 메뉴를 클릭합니다.

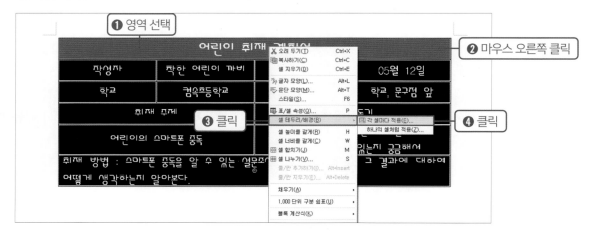

4 [셀 테두리/배경] 대화상자의 [테두리] 탭에서 '바깥쪽'을 지정하고 [설정] 단추를 클릭합니다.

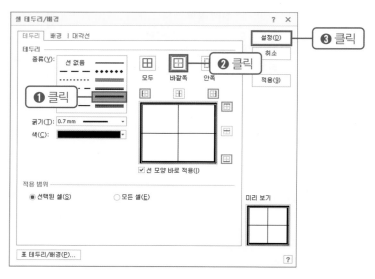

5 다음과 같이 표 테두리와 배경색을 자유롭게 지정해봅니다.

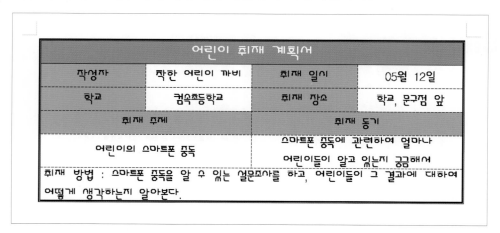

1| 표를 이용해 다음과 같은 문서를 작성해보세요.

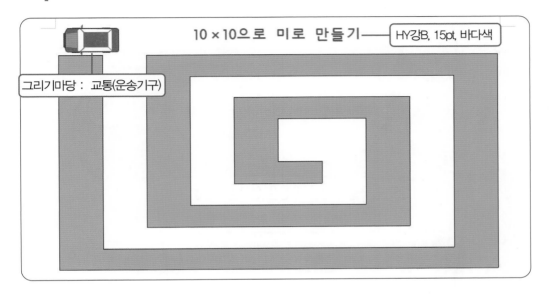

2| 표를 이용해 다음과 같은 문서를 작성해보세요.

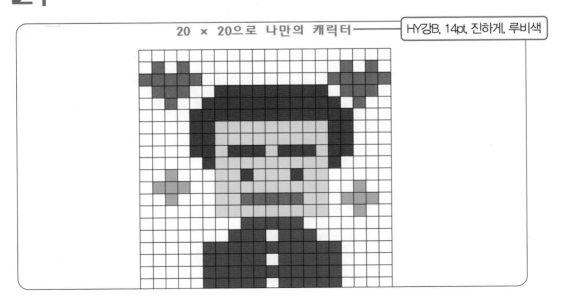

01 표에 캡션을 달아보아요.

표에는 이름표와 같은 캡션 기능이 있어서 표에 대한 설명 등을 달수가 있어요. 자 그럼 함께 표에 캡션을 달아 볼까요.

① 표(줄 7, 칸 3)를 이용해 다음과 같은 문서를 만들어봅니다.

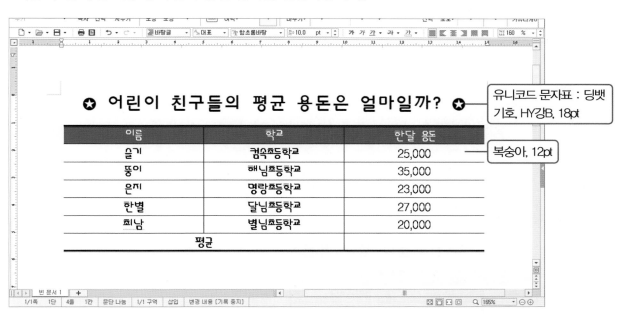

② 다음과 같이 표를 선택하고 마우스 오른쪽 단추를 눌러 [캡션 넣기] 메뉴를 클릭합니다.

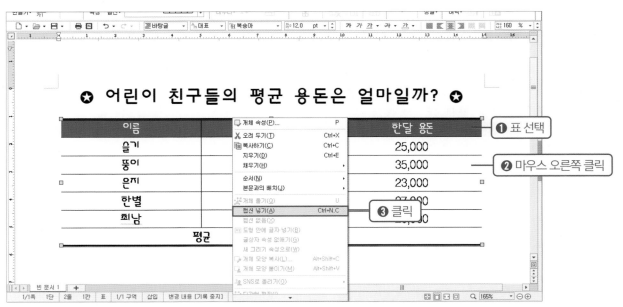

3 캡션이 만들어 지면 기존의 "표 1" 글자는 삭제하고 "(단위 : 원)" 글자를 입력합니다.

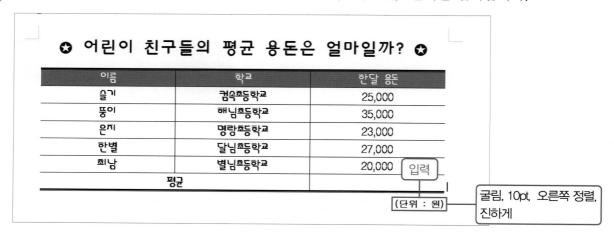

4 캡션의 위치를 변경하기 위해 다시 표를 선택하고 [표]-[표/셀 속성] 메뉴를 클릭합니다.

5 [표/셀 속성] 대화상자의 [여백/캡션] 탭에서 캡션 넣기를 '위'로 지정하고 [설정] 단추를 클릭합니다.

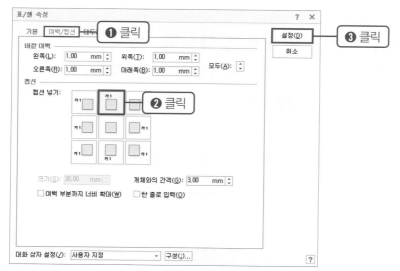

02 블록 계산식으로 계산해보아요.

합계 또는 평균을 구할 숫자를 블록으로 지정하여 계산을 할 수 있어요. 이번 장에서는 평균을 구하는 방법을 함께 알아보아요.

1 평균을 계산할 셀을 다음과 같이 블록으로 지정해봅니다.

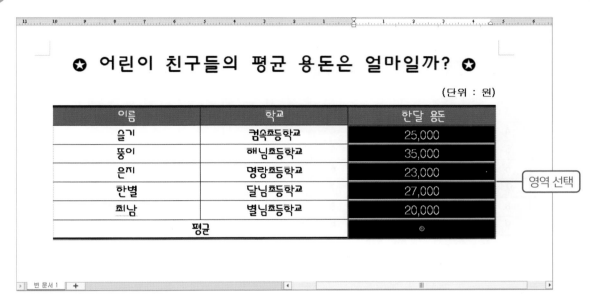

2 [표]-[블록 계산식]-[블록 평균] 메뉴를 누릅니다.

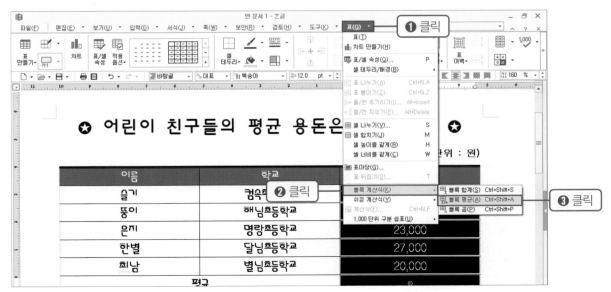

쑥쑥! 실력 키우기

1 | 블록 계산식을 이용해 다음과 같은 표를 완성해보세요.

HY강B, 13pt, 10pt

2단				3단				4단		
2 × 1=2				3 × 1=3				4 × 1=4		
2	2	4		3	2	6		4	2	8
2	3	6		3	3	9		4	3	12
2	4	8		3	4	12		4	4	16
2	5	10		3	5	15		4	5	20
2	6	12		3	6	18		4	6	24
2	7	14		3	7	21		4	7	28
2	8	16		3	8	24		4	8	32
2	9	18		3	9	27		4	9	36

2 | 캡션을 이용해 다음과 같은 표를 완성해보세요.

HY강B, 12pt — **구 구 단 표 만들기**

2단			3단			4단		
2 × 1=2			3 × 1=3			4 × 1=4		
2	2	4	3	2	6	4	2	8
2	3	6	3	3	9	4	3	12
2	4	8	3	4	12	4	4	16
2	5	10	3	5	15	4	5	20
2	6	12	3	6	18	4	6	24
2	7	14	3	7	21	4	7	28
2	8	16	3	8	24	4	8	32
2	9	18	3	9	27	4	9	36

01 한눈에 들어오는 차트를 만들어보아요.

표를 작성하고 차트 도우미를 이용하면 원하는 차트를 쉽게 만들 수 있답니다.
올해의 우리학교 독서왕은 누구인지 차트를 이용해 알아보아요.

1 표(줄 6, 칸 2)를 이용해 다음과 같은 문서를 작성해봅니다.

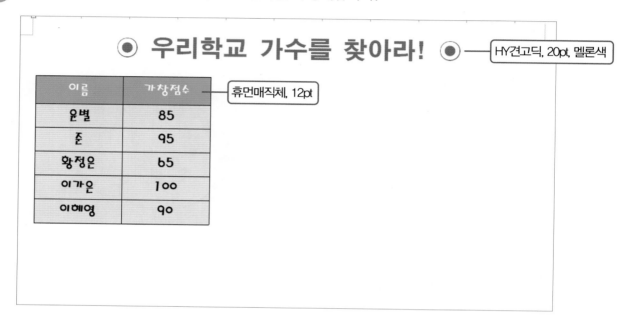

● 우리학교 가수를 찾아라! ● ── HY견고딕, 20pt, 멜론색

이름	가창점수
윤별	85
준	95
황정은	65
이가은	100
이혜영	90

── 휴먼매직체, 12pt

2 표의 내용을 블록으로 지정하고 [표]−[차트 만들기] 메뉴를 누르거나 [표] 탭에서 차트( )를 클릭합니다.

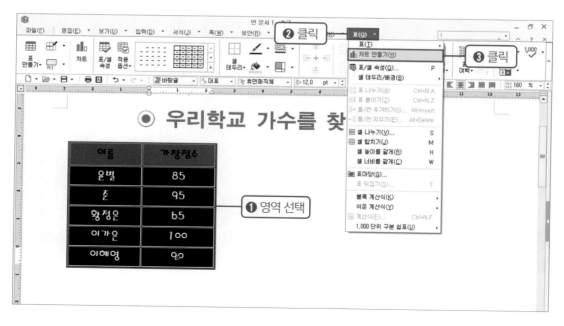

3 차트가 만들어지면 차트를 더블클릭하여 편집 상태가 되면 마우스 오른쪽 단추를 눌러 [차트 마법사] 메뉴를 선택합니다.

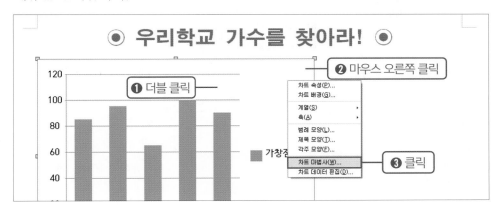

4 [차트 마법사] 대화상자의 [표준 종류] 탭에서 차트 종류와 차트 모양을 지정하고 [다음] 단추를 누릅니다.

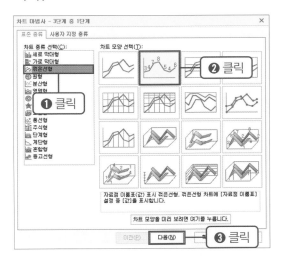

5 [차트 마법사] 대화상자의 [방향 설정] 탭에서 방향을 '열'로 지정하고 [다음] 단추를 누릅니다.

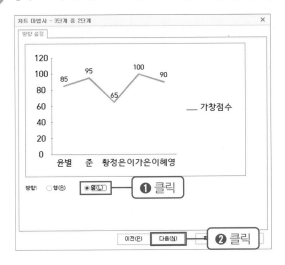

6 [차트 마법사] 대화상자의 [제목] 탭에서 차트제목, X(항목) 축, Y(항목) 축 이름을 입력하고 [범례]
탭으로 이동하여 '아래쪽'을 선택하고 [확인] 단추를 클릭합니다.

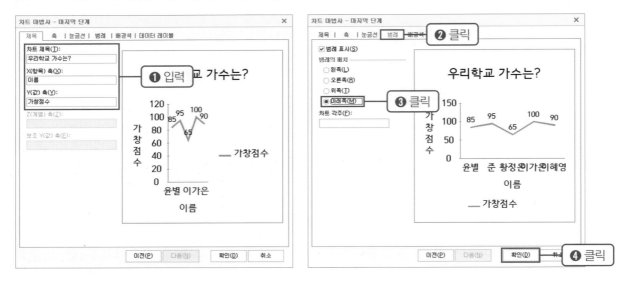

7 문서의 빈 영역을 클릭하여 차트가 만들어지면 차트의 위치와 크기를 다음과 같이 조절해봅니다.

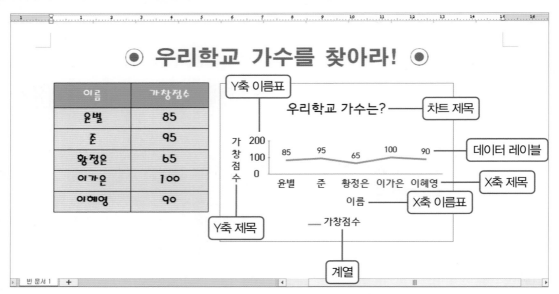

차트 제목, 축 이름표, 축 제목, 범례 등 차트의 구성요소를 자유자재로 꾸밀 수 있어요. 이번 장에서는 차트를 꾸미는 방법을 알아보아요.

① 차트를 더블클릭하여 차트 편집 상태로 변환하고, 차트 제목을 더블클릭합니다.

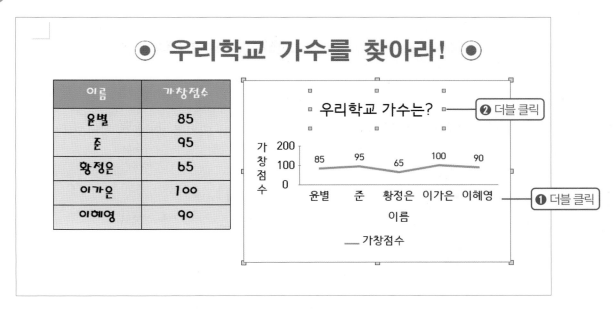

 차트의 각 구성요소를 더블클릭하면 모양과 글꼴 등을 변경할 수 있지!

② [제목 모양] 대화상자의 [배경] 탭에서 선 모양과 그림자를, [글꼴] 탭에서 글꼴과 크기, 속성을 지정하고 [설정] 단추를 클릭합니다.

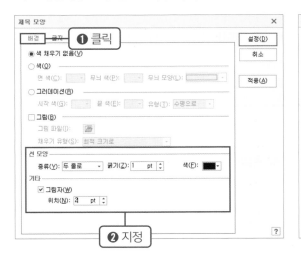

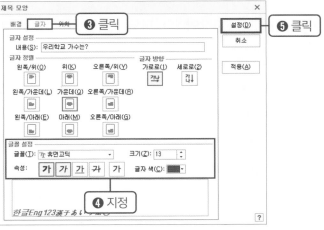

3 마우스 드래그를 이용해 차트 제목의 너비를 다음과 같이 조절해봅니다.

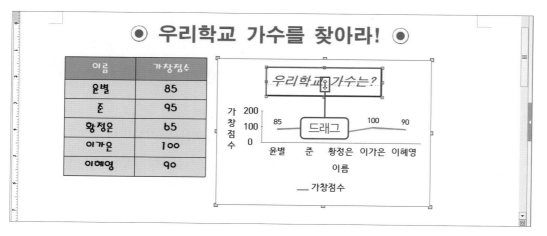

4 범례를 더블클릭하고 [범례 모양] 대화상자의 [위치] 탭에서 위치를 '위'로 지정하고 [설정] 단추를 클릭합니다.

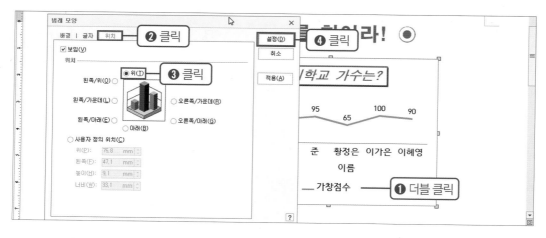

5 글자처럼 취급하기 위해 차트에서 마우스 오른쪽 단추를 누른 후 [개체 속성]을 클릭합니다.

6 [개체 속성] 창이 나타나면 '글자처럼 취급'을 클릭하고, [설정]을 클릭합니다.

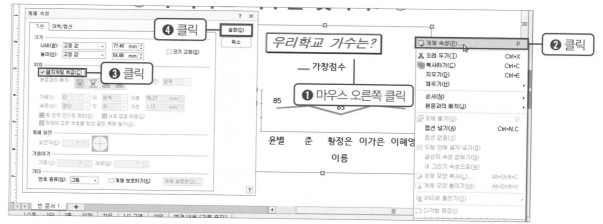

1 표를 작성하고 표 데이터를 이용해 다음과 같은 차트를 완성해보세요.

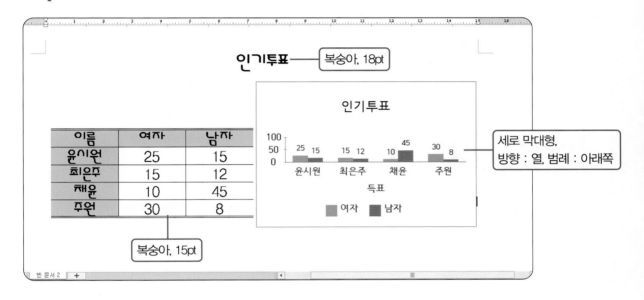

인기투표 ─ 복숭아, 18pt

이름	여자	남자
윤시원	25	15
최은주	15	12
채윤	10	45
주원	30	8

복숭아, 15pt

세로 막대형,
방향 : 열, 범례 : 아래쪽

2 표를 작성하고 표 데이터를 이용해 다음과 같은 차트를 완성해보세요.

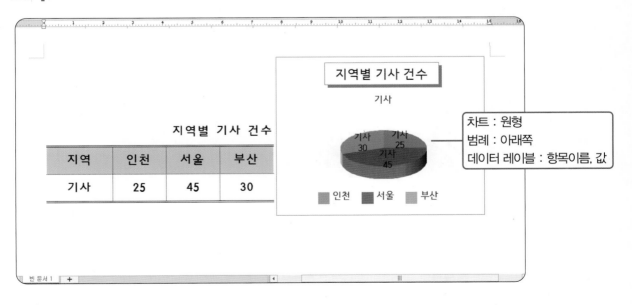

지역별 기사 건수

지역	인천	서울	부산
기사	25	45	30

차트 : 원형
범례 : 아래쪽
데이터 레이블 : 항목이름, 값

Hint '지역별 기사 건수'는 표의 캡션 달기 기능을 이용하세요.

01 스타일로 통일된 문서를 작성해보아요.

스타일이란 자주 사용하는 글자모양 등을 미리 지정해 놓고 필요할 때 마다 통일되게 해주는 기능이에요.
스타일로 통일된 문서를 작성해보아요.

1 다음과 같이 문서를 완성합니다.

한국을 빛낸 위인 취재하기 ── 복숭아, 20pt, 양각, 노른자색

이순신
임진왜란 때 활약한 조선의 명장이다. 일본의 거센 진격을 막아 임진왜란의 불리한 전세를 바꾸었을 뿐 아니라. 나라를 잃을 처지에 놓인 조선을 구해 영웅이 되었다. 한산도 대첩과 명량 대첩 등 일본군과 23번 싸워 모두 이겼다.

안중근 의사
안중근 의사는 독립운동가로 항일 의병 운동에 참여하며 대한의군 참모중장으로 활동했다. 러시아 하얼빈에서 이토 히로부미를 총살한 것으로 사형 당했다.

세종대왕
'성군' 또는 '대왕'이라는 호칭이 붙는 세종은 이순신과 더불어 우리 역사에서 가장 존경받는 인물이다. 당대에 이미 '해동요순'이라 불려 지금까지 비판이 금기시되다시피 했으며, 초인화·신화화된 부분마저 있다. 그러나 신격화의 포장을 한 겹 벗겨버린다 해도 세종이 우리 역사상 가장 훌륭한 유교 정치와 찬란한 민족문화를 꽃피웠고 후대에 모범이 되는 왕이었다는 사실에 반론이 제기될 가능성은 별로 없어 보인다.

 Hint
- [활용] 네이버 지식백과
  https://terms.naver.com/entry.nhn?docId=3560709&cid=47306&categoryId=47306
  https://terms.naver.com/entry.nhn?docId=6031583&cid=67207&categoryId=67208
  https://terms.naver.com/entry.nhn?docId=3569533&cid=59015&categoryId=59015

2 스타일을 만들기 위해 [서식]-[스타일] 메뉴를 누릅니다.

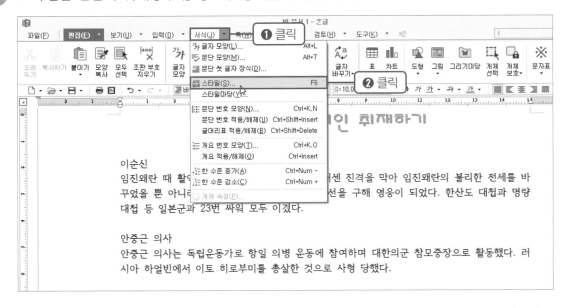

3 [스타일] 대화상자에서 스타일 추가하기(+)를 누르고, [스타일 추가하기] 대화상자에서 스타일 이름으로 '이름'을 입력한 후 [추가] 단추를 누릅니다.

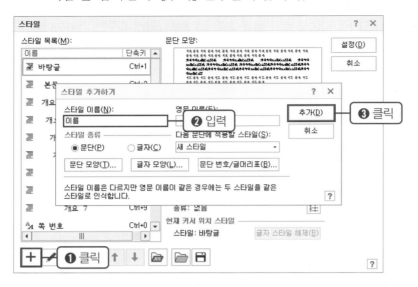

4 [스타일] 대화상자에서 추가한 '이름' 스타일을 선택하고 스타일 편집하기(✎)를 누릅니다.

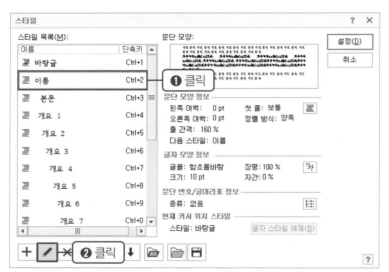

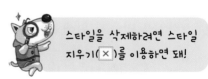

스타일을 삭제하려면 스타일 지우기(×)를 이용하면 돼!

5 [스타일 편집하기] 대화상자가 나타나면 [글자 모양]을 클릭합니다.

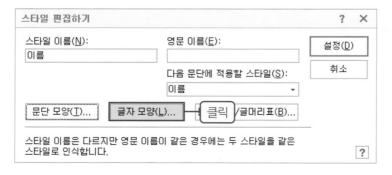

6 [글자 모양] 대화상자에서 크기 '12pt', 글꼴 '굴림', 자간 '−5%'를 지정하고 [설정] 단추를 누릅니다.

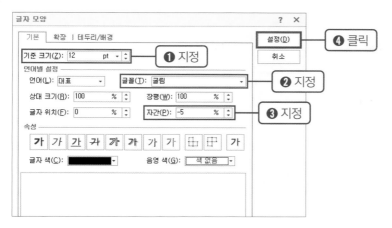

7 [스타일 편집하기] 대화상자가 나타나면 [설정] 단추를 누릅니다.

8 [스타일] 대화상자에서 스타일 추가하기 (➕)를 누르고, [스타일 추가하기] 대화 상자에서 스타일 이름으로 '내용'을 입력한 후 [추가] 단추를 누릅니다.

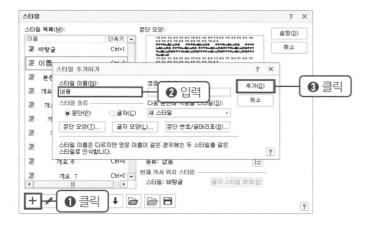

9 [스타일] 대화상자에서 추가한 '내용' 스타일을 선택하고 스타일 편집하기(✎)를 누른 후 [스타일 편집하기] 대화상자에서 [문단 모양]을 클릭합니다.

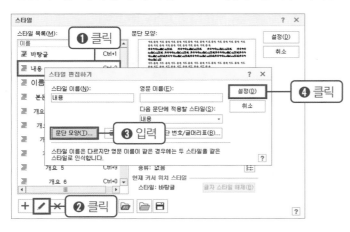

⑩ [문단 모양] 대화상자에서 왼쪽 '10pt', 줄 간격 '150%', 문단 아래 '3pt'를 지정하고 [설정] 단추를 누릅니다.

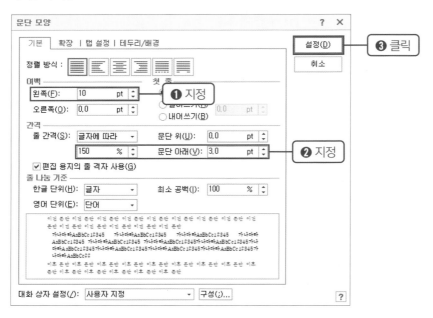

⑪ [스타일 편집하기] 대화상자에서는 [설정] 단추를 누르고, [스타일] 대화상자에서는 [취소] 단추를 클릭합니다.

⑫ 작성한 스타일을 적용하기 위해 해당 부분을 블록으로 지정하고 서식 도구상자의 [바탕글]에서 [이름]을 클릭합니다.

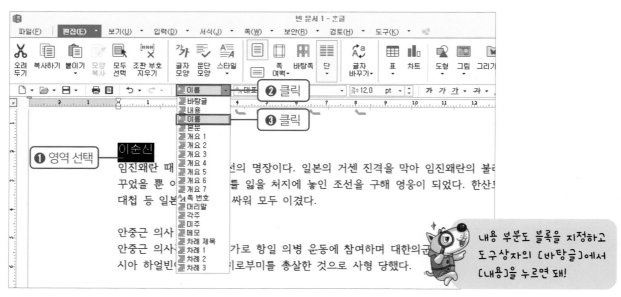

내용 부분도 블록을 지정하고 도구상자의 [바탕글]에서 [내용]을 누르면 돼!

⑬ 위와 같은 방법으로 나머지 부분도 스타일을 적용해봅니다.

1 스타일 기능을 이용해 다음과 같은 문서를 완성해보세요.

· 스타일 이름-별 헤는 밤
· 문단모양-왼쪽여백 : 10pt, 문단 아래 간격 : 10pt
· 글자모양-글꼴 : 굴림, 진하게, 크기 : 13pt, 장평 : 95%, 자간 : -5%

별 헤는 밤

계절이 지나가는 하늘에는 가을로 가득 차 있습니다.

나는 아무 걱정도 없이 가을 속의 별들을 다 헬 듯합니다.

가슴 속에 하나 둘 새겨지는 별을 이제 다 못 헤는 것은

쉬이 아침이 오는 까닭이요, 내일 밤이 남은 까닭이요,

아직 나의 청춘이 다하지 않은 까닭입니다.

2 스타일 기능을 이용해 다음과 같은 문서를 완성해보세요.

· 스타일 이름-거인
· 문단모양-왼쪽여백 : 10pt, 문단 아래 간격 : 12pt
· 글자모양-글꼴 : HY강B, 크기 : 12pt, 장평 : 95%, 자간 : 5%

The Selfish Giant

Every afternoon, as they were coming from school, the children used to go and play in the Giant's garden.

It was a large lovely garden, with soft green grass.

Here and there over the grass stook beautiful flowers like stars, and there were twelve peachtrees that in springtime broke out into delicate blossoms of pink and pearl, and in the autumn bore rich fruit.

01 수식으로 문서를 작성해보아요.

수식 기능을 이용하면 키보드로 쓸 수 없는 다양한 수학 공식을 작성할 수 있어요.
이번 장에서는 수식 기능에 대해 함께 알아볼까요?

1 그리기마당을 이용해 다음과 같이 문서를 완성해봅니다.

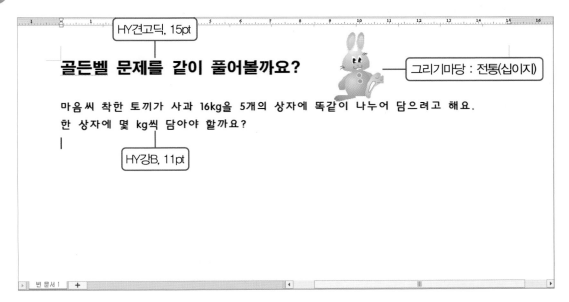

2 수식을 입력할 곳에 커서를 위치시킨 후 [입력]-[개체]-[수식] 또는 [입력]탭에서 수식(𝑓∞)을 누릅니다.

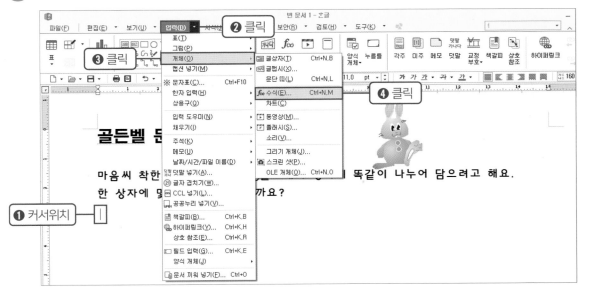

바로가기 키 Ctrl + N + M 을 이용해 [한글 수식 편집] 대화 상자를 열 수도 있어!

3 [수식 편집기] 대화상자가 나타나면 "16"을 입력하고 연산, 논리 기호(±)에서 (÷)를 클릭합니다.

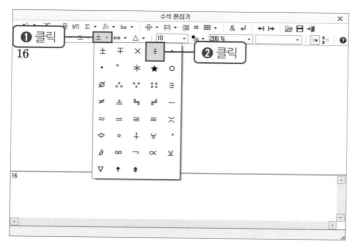

4 기호가 삽입되면 "5="을 입력하고 분수(믐)를 클릭합니다.

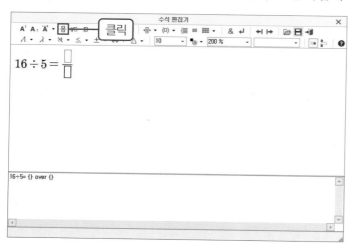

5 "16"을 입력하고 Tab 을 누른 후 "5"를 입력해 분수를 완성합니다.

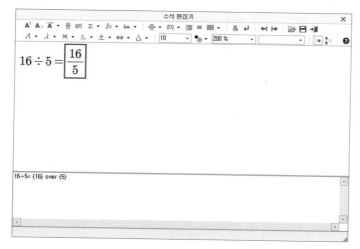

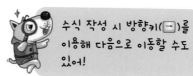
수식 작성 시 방향키(→)를 이용해 다음으로 이동할 수도 있어!

6 다시 ⌨Tab 을 누른 후 "=3"을 입력하고 분수(묘)를 누릅니다.

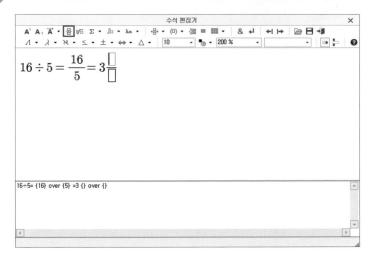

7 위와 같은 방법으로 수식을 완성하고, 글자 크기를 '13'으로 지정한 후 넣기()를 누릅니다.

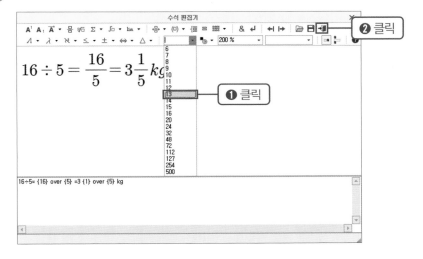

8 다음과 같은 수식이 입력된 것을 확인해봅니다.

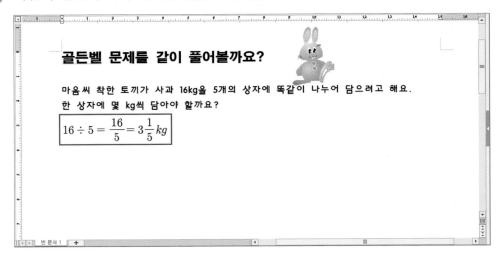

쑥쑥! 실력 키우기

1 수식 기능을 이용해 다음과 같은 문서를 완성해보세요.

$$\frac{1}{2} \times \frac{3}{4} = \frac{3}{8} \qquad \left(-\frac{1}{3}\right) - \left(-\frac{2}{3}\right) = \frac{1}{3}$$

$$\left(\frac{1}{2}\right) - \left(\frac{2}{7}\right) = \frac{3}{14} \qquad \frac{3}{4} \times \frac{4}{5} \times \frac{2}{9} = \frac{2}{15}$$

2 수식 기능을 이용해 다음과 같은 문서를 완성해보세요.

$$R_h = \frac{1}{hc} \times \frac{2\pi^2 k^2 m e^4}{h^2}$$

$$x = \frac{3 \pm \sqrt{(-3)^2 - 4 \times 1 \times (-3)}}{2}$$

$$\frac{c}{\sqrt{a} \pm \sqrt{b}} = \frac{c(\sqrt{a} \mp \sqrt{b})}{a - b}$$

 위첨자(A^1)와 근호($\sqrt{\square}$)를 이용하여 수식을 완성하세요.

01 책갈피로 문서 위치를 표시해보아요.

책을 읽다가 중간에 읽은 곳을 표시하기 위해 책갈피를 꽂아 놓는 것처럼, 한글 문서에서도 책갈피를 이용해 위치를 표시할 수 있어요.

1 그리기마당과 글상자를 이용해 다음과 같이 문서를 완성합니다.

2 추가한 도형과 그림을 더블클릭하여 [개체 속성] 창이 나타나면 [기본]에서 '글자처럼 취급'을 클릭한 후 [설정] 단추를 클릭합니다.

3 마지막 그림 끝에 커서를 위치시키고 Ctrl + Enter 를 눌러 쪽을 나눕니다.

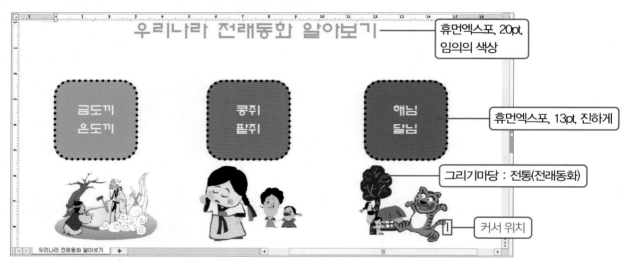

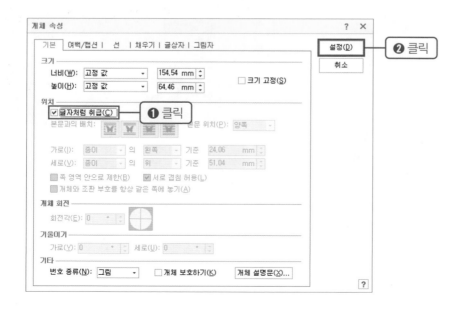

4 2페이지에 다음과 같이 문서를 완성합니다.

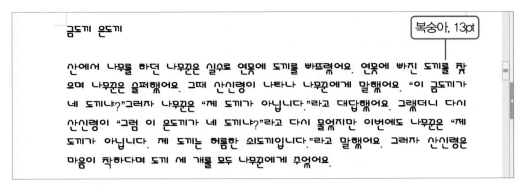

5 첫 번째 글자 앞에 커서를 위치키시고 [입력]–[책갈피] 메뉴를 누릅니다.

6 [책갈피] 대화상자에서 책갈피 이름으로 "금도끼 은도끼"를 입력하고 [넣기] 단추를 누릅니다.

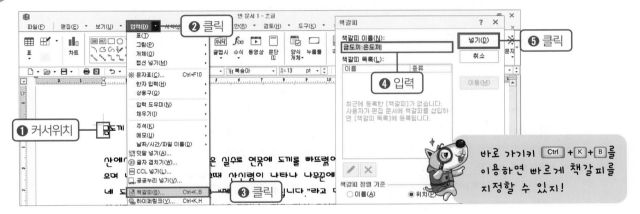

7 마지막 글자 뒤에 커서를 위치시키고 Ctrl + Enter 를 눌러 쪽을 나눠봅니다.

8 3페이지에 다음과 같이 문서를 완성합니다.

9 첫 번째 글자 앞에 커서를 위치키시고 [입력]–[책갈피] 메뉴를 누릅니다.

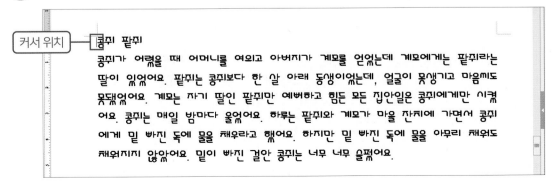

⑩ [책갈피] 대화상자에서 책갈피 이름으로 "콩쥐 팥쥐"를 입력하고 [넣기] 단추를 누릅니다.

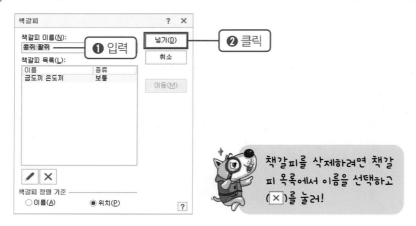

⑪ 마지막 글자 뒤에 커서를 위치시키고 Ctrl + Enter 를 눌러 쪽을 나눈 후 4페이지에 다음과 같이 문서를 완성합니다.

⑫ 첫 번째 글자 앞에 커서를 위치키시고 [입력]–[책갈피] 메뉴를 누릅니다.

커서 위치

해님 달님
옛날에 깊은 산골에 엄마와 오누이가 오순도순 살고 있었어요.
그러던 어느 날 엄마가 일을 하고 떡을 얻어 돌아오는 고개에 호랑이를 만났어요.
"떡 하나쭈면 안 잡아먹지!" 엄마는 깜짝 놀라 호랑이에게 떡 하나를 쭈었어요.
그렇게 고개마다 호랑이가 나타나 떡을 달라고 했어요. 그렇게 엄마는 떡을 계속 호랑이에게 쭸어요.
하지만 마지막 고개에 나타난 호랑이는 떡이 없었던 엄마를 잡아먹었어요.
그리곤 호랑이는 엄마 옷을 입고 오누이 집으로 돌아와 엄마인척 문을 열어 달라고 했어요. 하지만 엄마가 아닌 호랑이라는 것을 안 오빠는 동생을 데리고 나무 위에 올라갔어요. 호랑이가 따라오자 오누이는 하늘에 동아줄을 내려 우리를 살려달라고 빌었어요.
그랬더니 하늘에서 동아줄이 내려왔고 오누이는 동아줄을 타고 하늘로 올라가 동생은 해가, 오빠는 달이 되었어요.

⑬ [책갈피] 대화상자에서 책갈피 이름으로 "해님 달님"을 입력하고 [넣기] 단추를 누릅니다.

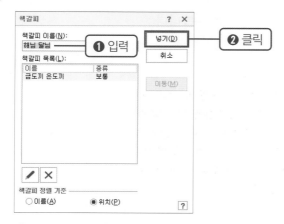

02 하이퍼링크로 문서를 연결해보아요.

하이퍼링크를 이용하면 한글 문서에서 책갈피로 표시에 둔 곳이나 인터넷 홈페이지 등 원하는 곳을 연결하여 쉽게 이동할 수 있어요.

① 첫 페이지로 이동하여 다음과 같이 글상자를 선택하고 [입력]-[하이퍼링크] 메뉴를 누릅니다.

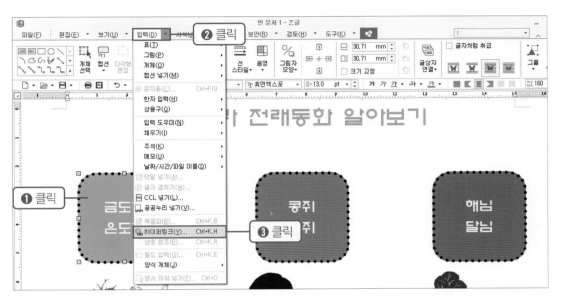

② [하이퍼링크] 대화상자에서 '금도끼 은도끼' 책갈피를 선택하고 [넣기] 단추를 누릅니다.

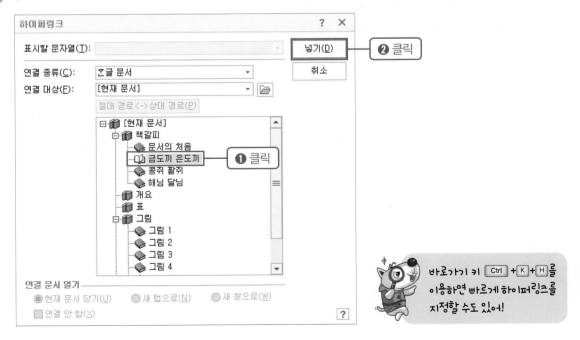

③ 위와 같은 방법으로 나머지 글상자에도 '콩쥐 팥쥐', '해님 달님' 책갈피를 지정합니다.

④ 글상자에 마우스 포인터를 위치시키고 (🖑)모양으로 변하면 글상자를 클릭합니다.

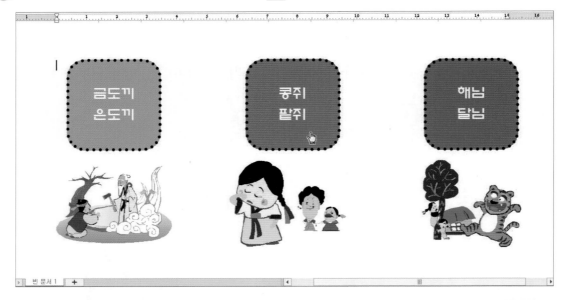

웹 주소 연결하기

연결 종류로 '웹 주소'를 연결 대상으로 인터넷 주소 'www.naver.com'를 입력하세요.

1 다음과 같은 문서를 작성해보세요.

검색엔진 만들기 ─── HY견고딕, 20pt

네이버 : www.naver.com

다음 : www.daum.net

네이트 : www.nate.com

구글 : www.google.co.kr

2 하이퍼링크 기능을 이용해 다음과 같은 문서를 완성해보세요.
· 네이버 : www.naver.com
· 다음 : www.daum.net
· 네이트 : www.nate.com
· 구글 : www.google.co.kr

검색엔진 만들기

네이버 : www.naver.com

다음 : www.daum.net

네이트 : www.nate.com

구글 : www.google.co.kr

01 메일 머지 표시를 달아보아요.

내용은 같고 받는 사람의 학교와 이름이 다른 초대장을 만들고 싶다고요? 먼저, 내용을 작성하고 바꾸는 부분에 표시를 달아야 해요.

1 그리기마당을 이용해 다음과 같이 문서를 완성합니다.

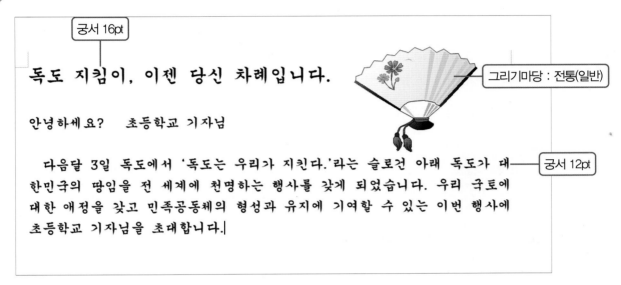

2 다음과 같이 "초등학교" 글자 앞에 커서를 위치시키고 [도구]-[메일 머지]-[메일 머지 표시 달기] 메뉴를 누릅니다.

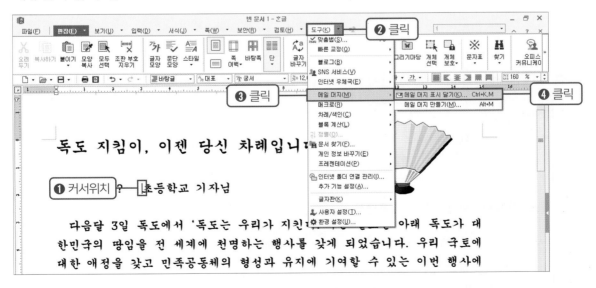

 바로가기 키 Ctrl + K + M 을 이용하면 빠르게 표시를 달 수 있어!

③ [메일 머지 표시 달기] 대화상자의 [필드 만들기] 탭에서 필드 번호로 '1'을 입력하고 [넣기] 단추를 누릅니다.

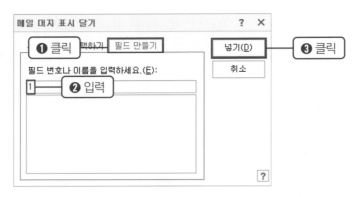

④ 다음과 같이 "기자님" 글자 앞에 커서를 위치시킵니다.

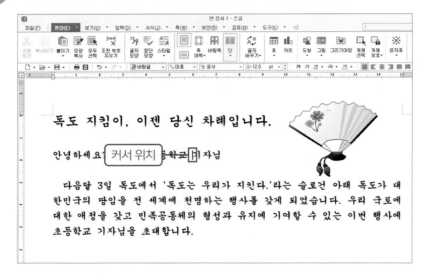

⑤ 두 번째 메일 머지 표시를 달기 위해 [도구]-[메일 머지]-[메일 머지 표시 달기] 메뉴를 누릅니다.

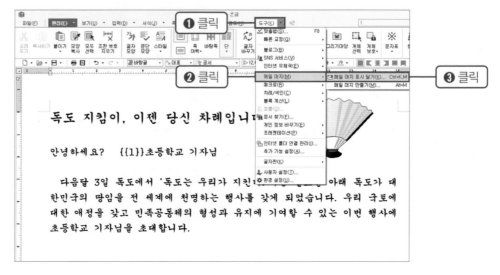

6 [메일 머지 표시 달기] 대화상자의 [필드 만들기] 탭에서 필드 번호로 '2'를 입력하고 [넣기] 단추를 누릅니다.

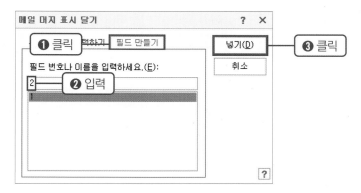

7 같은 방법으로 다음과 같이 아랫부분도 메일 머지 표시를 달고 원하는 위치에 "독도 지킴이"로 문서를 저장합니다.

독도 지킴이, 이젠 당신 차례입니다.

안녕하세요?   {{1}}초등학교 {{2}}기자님

다음달 3일 독도에서 '독도는 우리가 지킨다.'라는 슬로건 아래 독도가 대한민국의 땅임을 전 세계에 천명하는 행사를 갖게 되었습니다. 우리 국토에 대한 애정을 갖고 민족공동체의 형성과 유지에 기여할 수 있는 이번 행사에 {{1}}초등학교 {{2}}기자님을 초대합니다.

컴속 해결사

필드 번호 '1', '2' 숫자의 의미?

• 메일 머지로 표시한 곳에 들어갈 내용의 순서를 의미하는 숫자입니다.
• 예를 들어 표시하여 들어갈 내용이 '이름', '전화번호', '주소'라는 순서로 되어 있다면 '이름'은 '1', '전화번호'는 '2', '주소'는 '3'이 됩니다.

초대장을 만들고 메일 머지 표시를 하였다면 이제는 표시한 곳에 들어갈 명단을 만들어야겠지요? 명단으로 메일 머지를 완성해보아요.

1 데이터 파일을 만들기 위해 [파일]-[새 문서]-[새 탭] 메뉴를 눌러 빈 문서 하나를 만듭니다.

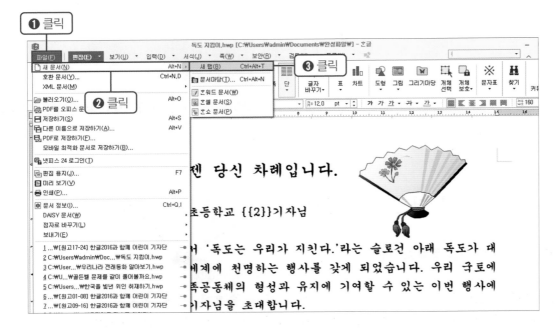

2 다음과 같은 문서를 만들고 원하는 위치에 "초대명단"으로 문서를 저장해봅니다.

명단에 학교와 이름 2개가 입력되므로 첫줄에 2를 입력한 거야!

③ '독도 지킴이.hwp'로 돌아온 후 [도구]-[메일 머지]-[메일 머지 만들기] 메뉴를 누릅니다.

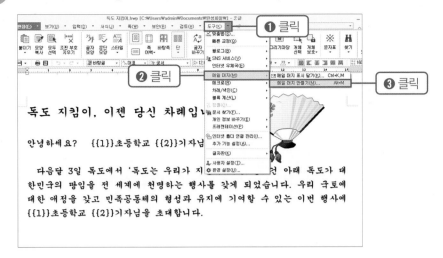

④ [메일 머지 만들기] 대화상자에서 [한글 파일] 항목을 선택하고(📁)단추를 누릅니다.

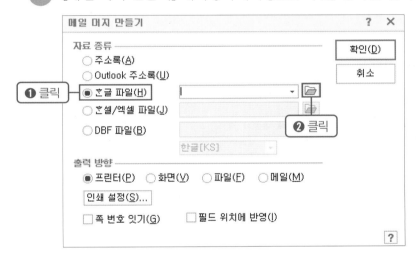

⑤ [한글 파일 불러오기] 대화상자에서 '초대명단.hwp' 파일을 선택하고 [열기] 단추를 누릅니다.

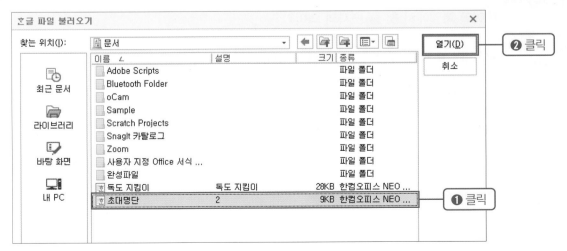

6 [메일 머지 만들기] 대화상자에서 한글 파일로 "초대명단.hwp" 파일을, 출력 방향으로 '화면' 항목을 지정하고 [확인] 단추를 누릅니다.

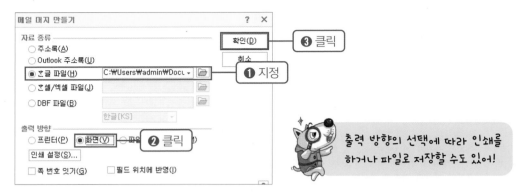

7 미리보기 창이 나타나면 초대명단에 입력한 학교와 이름이 표시되는 것을 확인해봅니다.

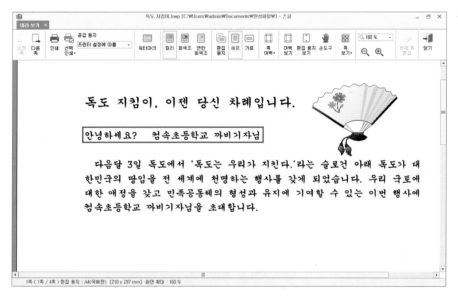

컴속 해결사

데이터 파일에서 첫 줄 숫자의 의미?

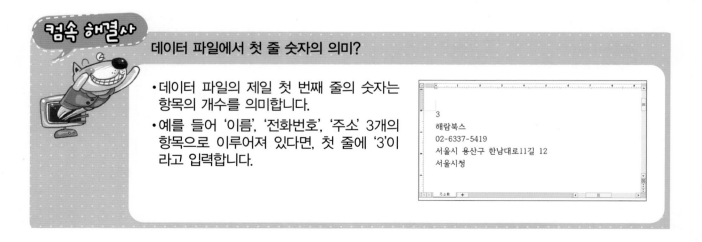

- 데이터 파일의 제일 첫 번째 줄의 숫자는 항목의 개수를 의미합니다.
- 예를 들어 '이름', '전화번호', '주소' 3개의 항목으로 이루어져 있다면, 첫 줄에 '3'이라고 입력합니다.

쑥쑥! 실력 키우기

1 다음과 같은 문서를 완성한 후 저장해보세요.

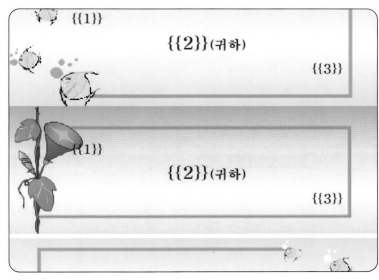

▲ 우편.hwp

```
3
인천시 주안3동 16-15
홍민지
455-120
서울시 성북구 22-15
유민재
125-112
부산시 동구 초량3동
우유진
202-102
강원도 강릉시 경포동
강연
115-203
인천시 용유동 55
김승희
50-14
대구시 북구 칠성동
문은영
302-110
```

▲ 주소록.hwp

Hint [파일]–[새 문서]–[문서 마당]–[문서마당 꾸러미]–[라벨 문서]–[(3620–주소라벨(6칸))]

2 저장한 파일을 이용하여 메일 머지(출력 방향 : 화면)를 완성해보세요.

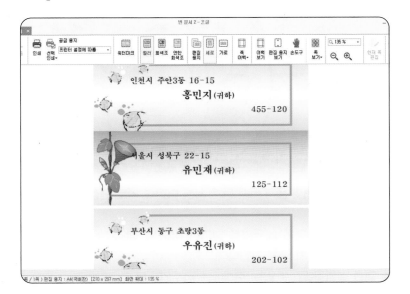

01 나만의 알록달록한 문서를 만들어보아요.

편집 용지를 이용해 용지를 설정하고, 알록달록한 배경색을 넣을 수 있어요. 이런 기능을 이용해 나만의 화려한 문서를 만들어보아요.

1 편집 용지를 설정하기 위해 [쪽]-[편집용지] 메뉴를 누릅니다.

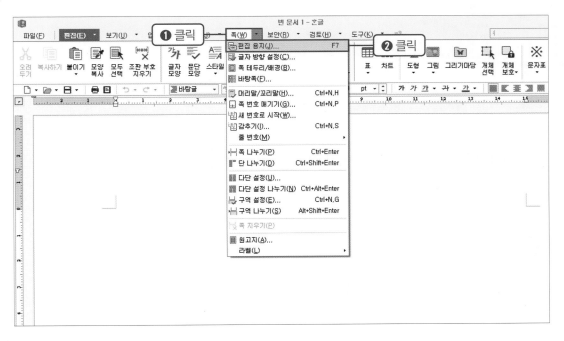

2 [편집 용지] 대화상자에서 용지 방향을 '가로', 용지 여백을 왼쪽 '50mm', 오른쪽 '50mm'를 지정하고 [설정] 단추를 누릅니다.

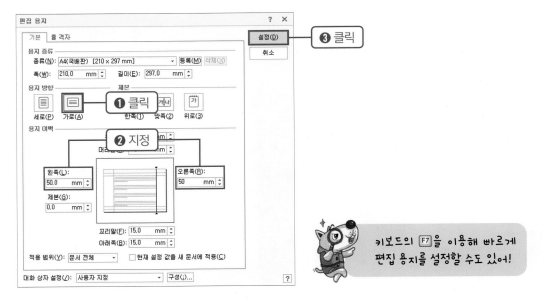

키보드의 F7 을 이용해 빠르게 편집 용지를 설정할 수도 있어!

③ [쪽] 탭에서 [쪽 테두리/배경]을 클릭한 후 [쪽 테두리/배경] 대화상자의 [테두리] 탭에서 '테두리'를 지정합니다.

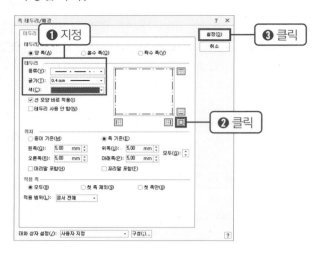

④ [쪽 테두리/배경] 대화상자의 [배경] 탭에서 '면 색'을 지정한 후 [설정] 단추를 누릅니다.

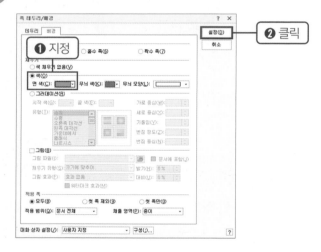

⑤ [보기]-[쪽 윤곽] 메뉴 또는 [보기] 탭에서 쪽 윤곽( )을 선택하여 다음과 같이 문서의 배경이 지정된 것을 확인해봅니다.

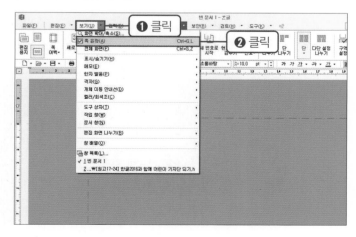

02 어려운 용어에 설명을 달아보아요.

용어에 대한 설명을 달 수 있는 주석에는 미주와 각주가 있어요.
미주는 설명이 맨 마지막 페이지에, 각주는 각 페이지 하단에 만들어져요.

1 그리기마당을 이용해 다음과 같이 문서를 완성합니다.

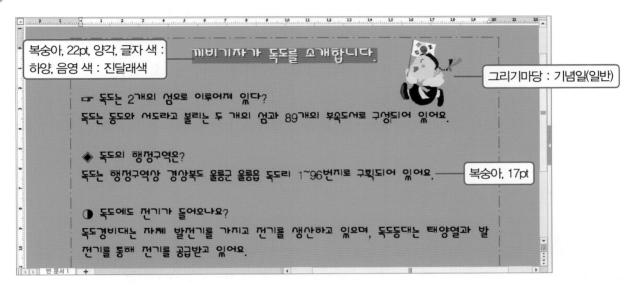

2 각주를 지정하기 위해 "부속도서" 글자 뒤에 커서를 위치시키고 [입력]-[주석]-[각주] 메뉴를 클릭합니다.

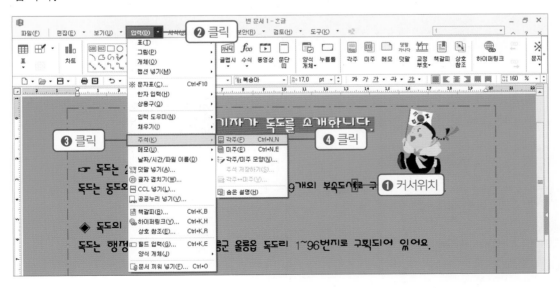

③ 각주 편집 상태에서 글자를 입력하고 글자모양(굴림, 10pt, 진하게)을 설정한 후 주석 도구상자에서 닫기(🚪닫기)를 누릅니다.

딸려있는 섬을 말하며, 헌법에 대한민국의 영토는 한반도와 그 부속도서로 되어 있어요.

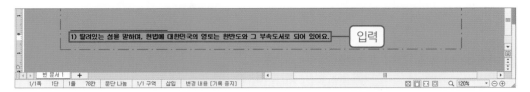

④ "독도경비대" 글자 뒤에 커서를 위치시키고 [입력]-[주석]-[각주] 메뉴를 누릅니다.

⑤ 각주 편집 상태에서 글자를 입력하고 글자모양(굴림, 10pt, 진하게)을 설정한 후 주석 도구상자에서 닫기(🚪닫기)를 누릅니다.

첨단 과학 장비를 이용하여 24시간 독도 경비 임무를 수행하고 있어요.

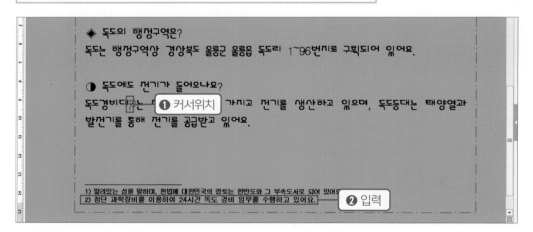

⑥ 다음과 같이 각주가 지정된 것을 확인해봅니다.

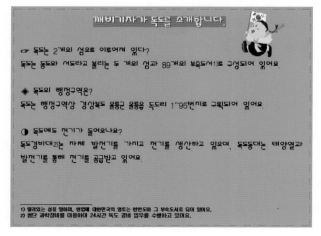

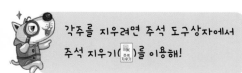

각주를 지우려면 주석 도구상자에서 주석 지우기(🔲주석지우기)를 이용해!

쑥쑥! 실력 키우기

1│ 다음과 같은 문서를 완성해보세요.
· 쪽 테두리/배경 : 면 색(진달래색)
· 편집용지 : 왼쪽 여백(20mm), 오른쪽 여백(20mm)

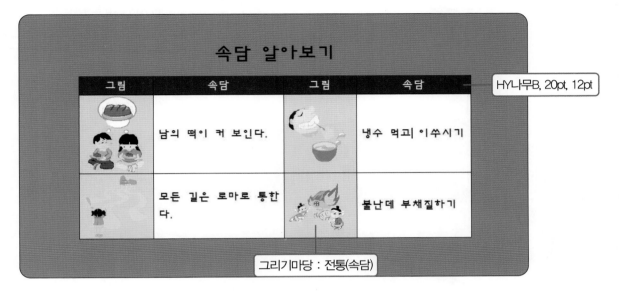

HY나무B, 20pt, 12pt

그리기마당 : 전통(속담)

2│ 다음과 같이 각주를 지정해 문서를 완성해보세요.
· 냉수/차가운 물
· 로마/로마는 이탈리아의 수도입니다.

굴림, 10pt, 진하게

Hint [주석]–[각주/미주 모양고치기]에서 번호 모양으로 '①,②,③'을 지정하도록 하세요.

22장 기사 틀 만들기

오늘의 미션

• 바탕쪽 지정하기
• 머리말/꼬리말 지정하기
• 페이지 번호 만들기

바탕쪽이랑 머리말/꼬리말을 이용한 거야! 공통으로 들어가는 부분을 한 번에 쉽게 적용할 수 있어!

인터넷 기사를 보니 문서 전체 쪽에 공통으로 적용되는 배경과 글자가 있네? 우와 신기하네!

미션 Hint

• **바탕쪽 지정하기** : 문서 전체 쪽에 공통으로 적용되는 쪽 모양을 지정합니다.
• **머리말/꼬리말 지정하기** : 머리말과 꼬리말에는 보통 책의 제목, 그 장의 제목, 쪽 번호 등을 넣습니다.
• **쪽 번호 매기기** : 문서 작성 시 쪽(페이지) 번호를 자동으로 매겨 주는 기능입니다.

01 바탕쪽으로 문서 배경을 만들어보아요.

바탕쪽이란 여러 페이지에 같은 배경을 꾸미는 기능입니다.
원하는 글자나 그림을 삽입하여 나만의 예쁜 문서 배경을 만들어 볼까요?

① 바탕쪽을 지정하기 위해 [쪽]-[바탕쪽] 메뉴를 누릅니다.

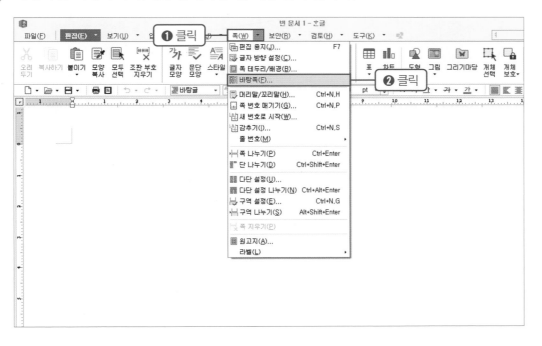

② [바탕쪽] 대화상자에서 종류로 '양 쪽'을 지정하고, [만들기] 단추를 누릅니다.

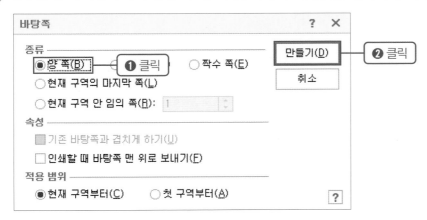

 바탕쪽은 홀수 쪽과 짝수 쪽을 따로 지정할 수도 있어!

③ [보기]-[쪽 윤곽] 메뉴를 선택하고 그리기 도구상자에서 직사각형 그리기(□)로 도형을 작성합니다.

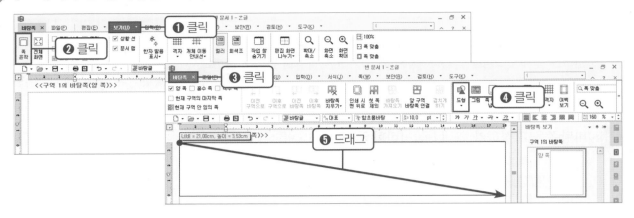

④ 작성한 도형을 더블클릭하고 [개체 속성] 대화상자의 [기본] 탭에서 위치를, [채우기] 탭에서 그러데 이션을 지정합니다.

 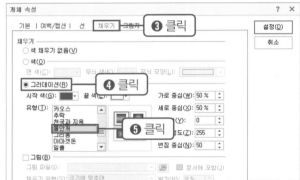

⑤ [선] 탭에서 '선' 종류를 '선 없음' 변경한 뒤 [설정] 단추를 누른 후 다음과 같이 완성된 도형을 확인 하고 바탕쪽 도구상자에서 닫기(닫기)를 누릅니다.

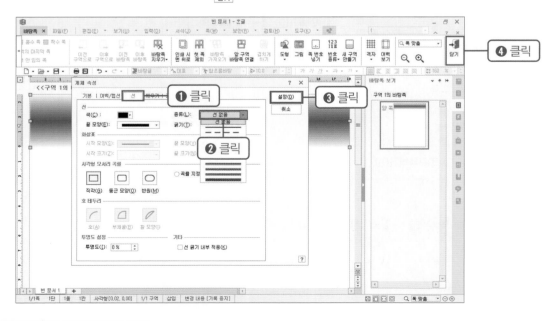

02 머리말과 쪽 번호를 지정해보아요.

문서의 상단/하단에 반복되는 말을 넣고 싶은 경우에는 머리말/꼬리말 기능을 이용해요. 이번 장에서는 쪽 번호를 넣는 방법도 같이 알아보아요.

1 바탕쪽이 적용된 문서에 글맵시를 이용해 다음과 같이 문서를 완성합니다.

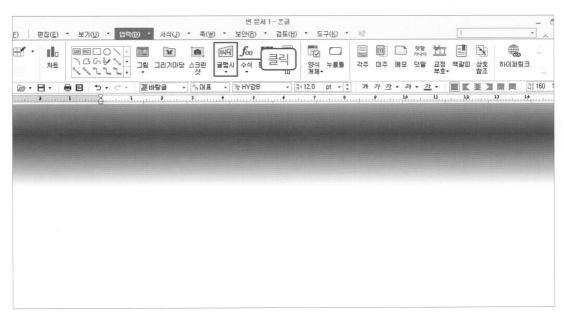

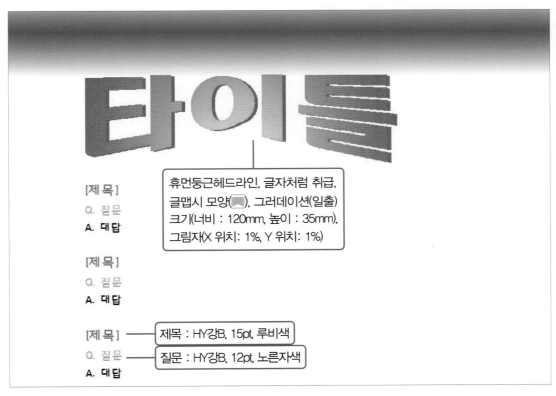

휴먼둥근헤드라인, 글자처럼 취급,
글맵시 모양(▬), 그러데이션(일출)
크기(너비 : 120mm, 높이 : 35mm),
그림자(X 위치: 1%, Y 위치: 1%)

[제 목]
Q. 질문
A. 대답

[제 목]
Q. 질문
A. 대답

[제 목] ─── 제목 : HY강B, 15pt, 루비색
Q. 질문 ─── 질문 : HY강B, 12pt, 노른자색
A. 대답

2 머리말을 지정하기 위해 [쪽]-[머리말/꼬리말] 메뉴를 누릅니다.

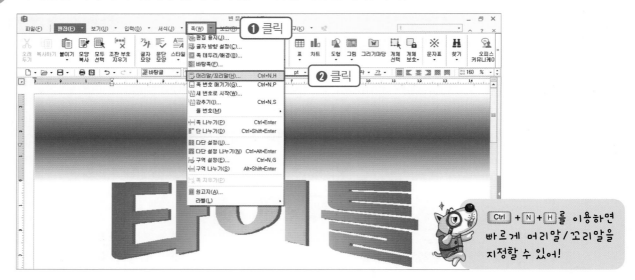

3 [머리말/꼬리말] 대화상자에서 종류로 '머리말'을 선택하고 [만들기] 단추를 누릅니다.

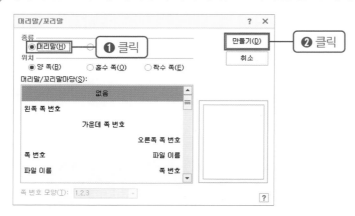

4 머리말을 작성하고 [머리말/꼬리말] 기본 도구상자에서 닫기(⧉)를 누릅니다.

5 쪽 번호를 넣기 위해 [쪽]-[쪽 번호 매기기] 메뉴를 누릅니다.

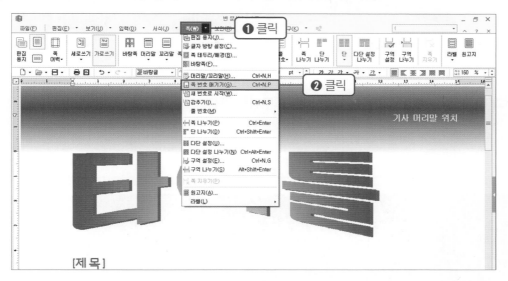

6 [쪽 번호 매기기] 대화상자에서 번호 위치와 모양을 지정하고 [넣기] 단추를 누릅니다.

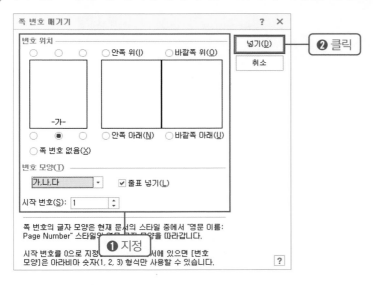

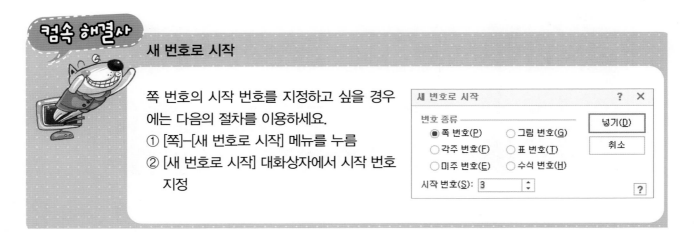

컴속 해결사

새 번호로 시작

쪽 번호의 시작 번호를 지정하고 싶을 경우
에는 다음의 절차를 이용하세요.
① [쪽]-[새 번호로 시작] 메뉴를 누름
② [새 번호로 시작] 대화상자에서 시작 번호
　지정

1 | 머리말과 쪽 테두리/배경을 이용해 다음과 같은 문서를 완성해보세요.

- 편집 용지 : A4(왼쪽10mm, 오른쪽10mm, 꼬리말50mm)
- 쪽 테두리/배경 : 그러데이션 – 노을 선
- 그리기마당 : 식물(꽃)

2 | 꼬리말를 이용해 다음과 같은 문서를 완성해보세요.

- 그리기 마당 : 식물(꽃)

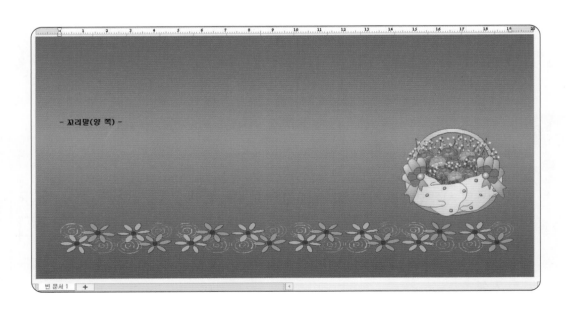

01 문서를 반으로 나누어보아요.

신문이나 잡지를 보면 종이 한 면에 여러 단이 나누어져 있는 것을 볼 수 있어요. 다단 기능을 이용해 단을 나눈 후 문서를 작성해 볼까요?

1 "행복한 여행 신문"을 입력하고 다단 설정을 나누기 위해 [쪽]-[다단 설정 나누기] 메뉴를 클릭합니다.

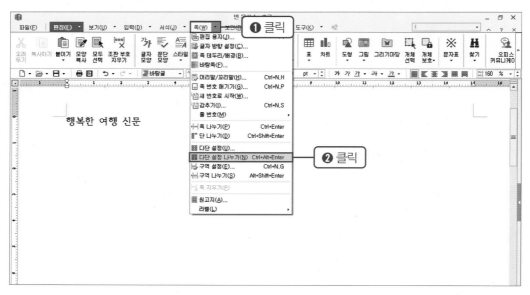

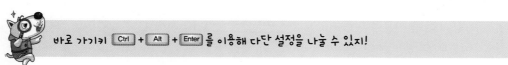

바로 가기키 Ctrl + Alt + Enter 를 이용해 다단 설정을 나눌 수 있지!

2 커서 위치를 확인하고 [쪽]-[다단 설정] 메뉴를 누릅니다.

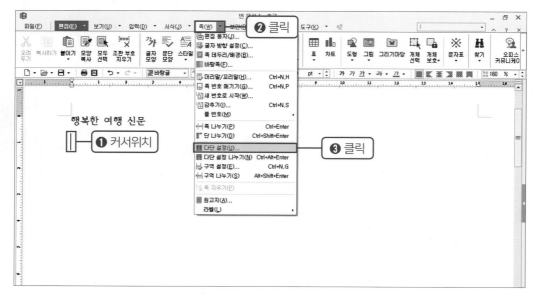

3 [단 설정] 대화상자에서 단 개수로 '2'와 '구분선 넣기'를 지정하고 [설정] 단추를 클릭합니다.

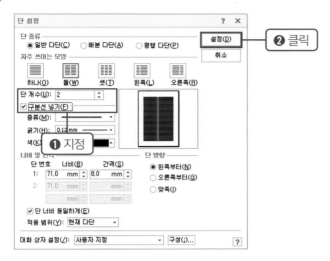

4 왼쪽 단에 다음과 같이 문서를 완성합니다.

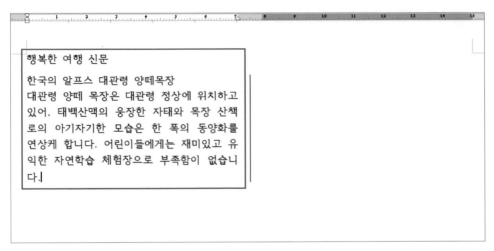

5 단을 나누기 위해 [쪽]-[단 나누기] 메뉴를 누른 후 오른쪽 단에 다음과 같이 문서를 완성합니다.

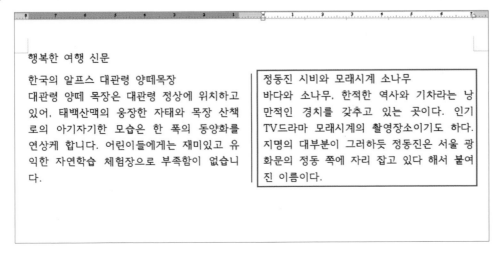

02 문단 첫 글자를 장식해보아요.

문단 첫 글자 장식 기능을 이용하면 문단의 제일 앞에 있는 글자를 예쁘게 꾸밀 수 있어요. 문단 첫 글자를 예쁘게 꾸며보아요.

1 다음과 같이 "대관령" 글자 앞에 커서를 위치시키고 [서식]−[문단 첫 글자 장식] 메뉴를 클릭합니다.

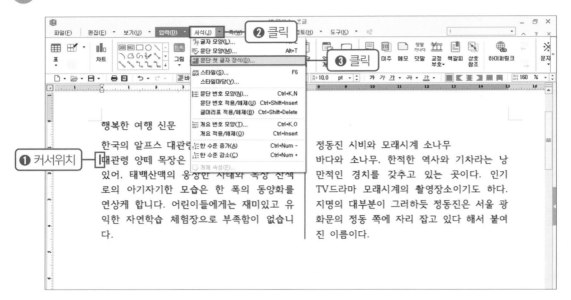

2 [문단 첫 글자 장식] 대화상자에서 모양(▤), 글꼴, 면 색을 지정하고 [설정] 단추를 누릅니다.

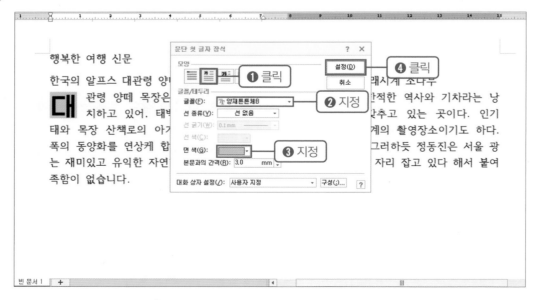

 문단 첫 글자 장식을 지우려면 없음(▤) 단추를 클릭하면 돼!

3 같은 방법으로 오른쪽 단의 "바다와" 글자 앞에 커서를 위치시키고 [서식]-[문단 첫 글자 장식] 메뉴를 누릅니다.

4 [문단 첫 글자 장식] 대화상자에서 모양(📏), 글꼴, 면 색을 지정하고 [설정] 단추를 누릅니다.

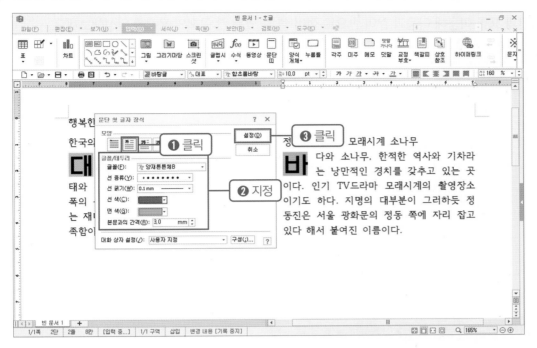

5 다음과 같이 문서를 완성하고 "행복한 여행 신문"으로 문서를 저장합니다.

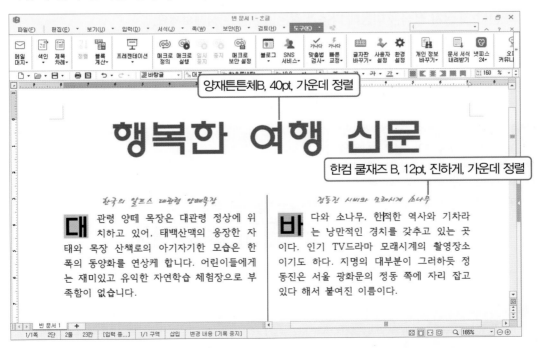

쑥쑥! 실력 키우기

1│ 다단과 표를 이용해 다음과 같이 반으로 접어 쓸 수 있는 칸 공책의 용지를 완성해보세요.

· 편집 용지 A4(방향 : 가로, 위쪽/오른쪽/왼쪽/아래쪽 : 10mm, 머리말/꼬리말 : 0mm)

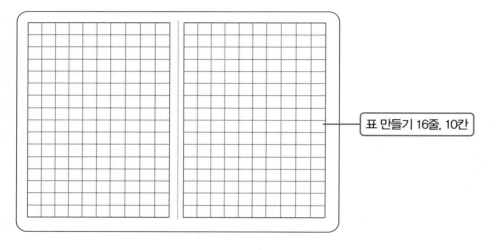

표 만들기 16줄, 10칸

Hint 단을 2개로 나누고 문서를 완성해보세요.

2│ 다단과 문단 첫 글자 장식을 이용해 다음과 같은 문서를 완성해보세요.

어린이 경복궁

경복궁은 태조4년(1395년)에 창건된 조선의 법궁으로서, 연간 550만명이 찾아오는 역사문화의 관광명소이자 조선왕실의 역사와 문화를 배우고 체험할 수 있는 교육과 여가의 문화 공간입니다.

Hint 단을 2개로 나누고, 글꼴과 글자 색은 임의로 예쁘게 지정해보세요.
· 문화재청 경복궁(http://www.royalpalace.go.kr/)
· 사진 위치 : [자료마당]-[경복궁 들여다보기]-[궁성과문]

상용구로 문자를 완성해보아요.

상용구는 자주 사용되는 문자열을 등록해 두고 필요할 때 준말을 통해 문자열을 완성해 주는 기능입니다.
상용구에 대해 알아볼까요?

1 상용구를 만들기 위해 [입력]-[상용구]-[상용구 내용] 메뉴를 누릅니다.

2 [상용구] 대화상자의 [글자 상용구] 탭에서 상용구 추가하기(+)를 누릅니다.

3 [상용구 추가하기] 대화상자에서 준말로 "초", 본말로 "초등학교"를 입력하고 [설정] 단추를 누릅니다.

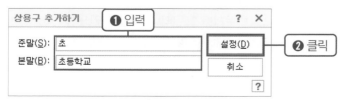

④ [상용구] 대화상자에서 준말과 본말이 입력된 것을 확인하고 [취소] 단추를 누릅니다.

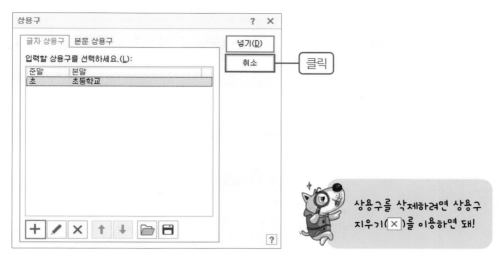

⑤ 표를 이용해 다음과 같은 문서를 완성하고 "컴속초" 글자 뒤에 커서를 위치시킨 후 Alt + I 를 누릅니다.

◇◆ 이달의 우수 기자 ◆◇ ── 한컴 쿨재즈 B, 24pt, 진하게, 가운데 정렬

학교	이름 ── HY강B, 13pt, 가운데 정렬
컴속초I ── 커서 위치	

⑥ 상용구를 이용해 다음과 같은 문서를 완성하고 "이달의 우수기자"로 문서를 저장해봅니다.

◇◆ 이달의 우수 기자 ◆◇

학교	이름
컴속초등학교	슬기
한별초등학교	김한별
사랑초등학교	이사랑
한국초등학교	최명인
컴속초등학교	까비

문서를 그림으로 저장해보아요.

이번 장에서는 한글 프로그램의 인쇄 관련 내용을 알아보고, 작성한 문서를 그림으로 저장하는 방법도 배워 보기로 해요.

1 문서를 인쇄하기 위해 [파일]-[인쇄] 메뉴를 누릅니다.

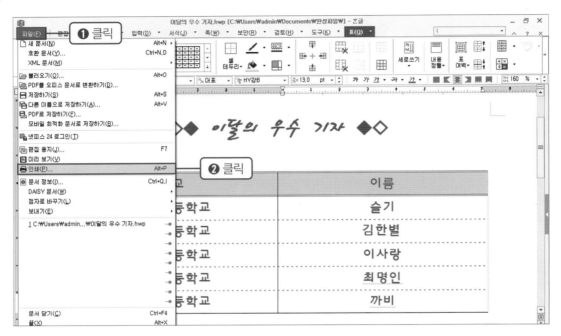

2 [인쇄] 대화상자에서 인쇄 내용을 확인하기 위해 [인쇄] 단추를 누릅니다.

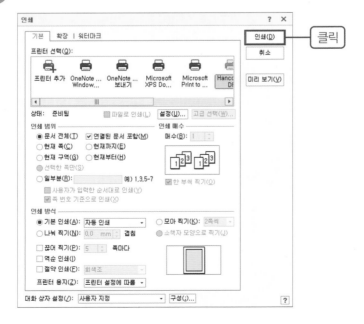

③ 그림으로 저장하기 위해 서식 도구 상자의 미리보기(📄)를 클릭하여 화면에서 인쇄될 내용을 확인하고 왼쪽 상단의 인쇄(🖨)를 누릅니다.

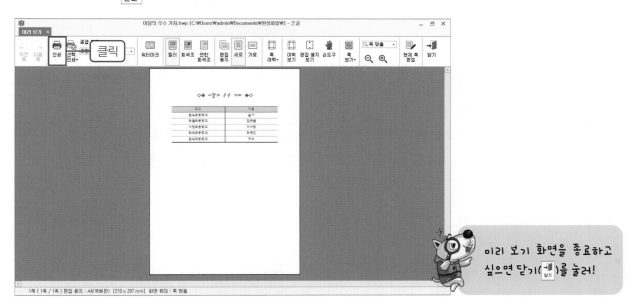

미리 보기 화면을 종료하고 싶으면 닫기(🚪)를 눌러!

④ [인쇄] 대화상자에서 프린터 이름으로 '그림으로 저장하기'를 지정하고 [인쇄] 단추를 누릅니다.

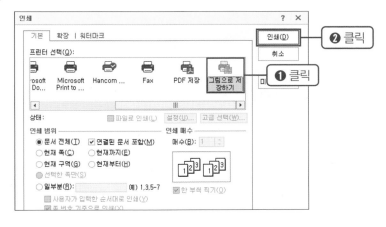

⑤ [그림으로 저장하기] 대화상자에서 파일 이름 "이달의 우수기자"를 지정하고 [저장] 단추를 누릅니다.

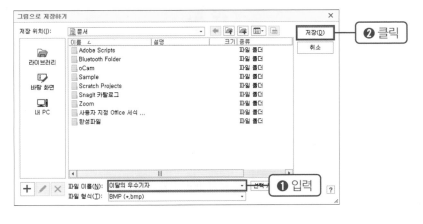

쑥쑥! 실력 키우기

1| 상용구를 이용해 문서를 완성한 후 "울면 안 돼" 그림 파일로 저장하고 열어보세요.
- 준말 : 울 | 본말 : 울면 안 돼
- 준말 : 산 | 본말 : 산타 할아버지

Merry Christmas ──── HY견고딕, 20pt, 밑줄, 가운데 정렬

♬ 울면 안 돼 ♪
울면 안 돼 울면 안 돼 산타 할아버지는 우는 아이에게 선물을 안 주신데 산타 할아버지는 알고 계신데 누가 착한 앤지 나쁜 앤지 오늘 밤에 다녀가신데 잠 잘 때나 일어날 때 까뜽날 때 장난할 때도 산타 할아버지는 모든 것을 알고 계신데

울면 안 돼 울면 안 돼 산타 할아버지는 우리 마을을 오늘 밤에 다녀가신데 울면 안 돼 울면 안 돼 산타 할아버지는 우는 아이에게 선물을 안 주신데 산타 할아버지는 알고 계신데 누가 착한 앤지 나쁜 앤지 오늘 밤에 다녀가신데

잠 잘 때나 일어날 때 까뜽날 때 장난할 때도 산타 할아버지는 모든 것을 알고 계 ──── 복숭아, 12pt
신데 울면 안 돼 울면 안 돼 산타 할아버지는 우리 마을을 오늘 밤에 다녀가신데

2| 상용구를 이용해 문서를 완성한 후 "여우야" 그림 파일로 저장하고 열어보세요.
- 준말 : 여 | 본말 : 여우야
- 준말 : 뭐 | 본말 : 뭐하니

여우야 여우야 뭐하니~

여우야 여우야 뭐하니 잠 잔다. 잠꾸러기
여우야 여우야 뭐하니 세수한다. 멋쟁이
여우야 여우야 뭐하니 옷 입는다. 예쁜이
여우야 여우야 뭐하니 밥 먹는다. 무슨 반찬
개구리 반찬 죽었니? 살았니? 죽었다.

그리기마당 : [동물(수생동물)]─[개구리2]

 문서의 모양(글꼴, 글자 크기, 글자 색 등)은 예쁘게 임의로 작성해보세요.

도전! 신문 기자 자격증

학교		초등학교	학년 / 반		학년 반
이름			컴퓨터 수련기간		개월
타자 최고 점수		타	합격 여부		합격 / 불합격

✎ 다음과 같은 문서를 완성해보세요.　　　　　　　　　　　　　　　[작성시간 : 15분]

> 글꼴 : 궁서, 18pt, 진하게, 가운데 정렬
> 책갈피 이름 : 안전, 덧말 넣기

> 문단 첫 글자 장식 기능
> 글꼴 : 돋움, 면색 : 빨강

감염병분야
안전한 나라 행복한 국민

> 그림삽입(그림4.jpg), 자르기 기능 이용,
> 크기(40mm x 45mm), 바깥 여백 왼쪽 : 2mm

국 립보건연구원은 질병을 예방하고 극복하는데 필요한 지식과 기술을 창출하고 보건 정책에 필요한 과학적 근거를 제공하며 보건의료 연구자에게 과제와 연구자원을 지원하여 보건의료 연구를 활성화 시키고 궁극적으로는 국민 건강을 보호하고 증진하는데 기여하는 국가 연구기관이다. 국립보건연구원은 1945년 9월에 설립된 조선방역연구소를 모태로 시작하여, 1963년 12월에 국립방역연구소, 국립화학연구소, 국립생약시험소를 통합하여 국립보건원으로 발족하였다. 이후 세계적으로 유행한 사스 등에 효과적으로 대응하기 위해 2004년 1월 질병관리본부로 확대 개편되면서 본 연구원은 국가질병연구기관으로서의 중추적(中樞的) 역할을 강화하고 있다.

　감염병 연구개발을 통해 감염병 발생 시 신속한 대응을 위한 수단과 과학적 근거를 마련하기 위하여 주요 감염병 극복을 위한 진단제, 치료제, 백신 개발 연구를 추진하고 있다. 인구 고령화에 따라 만성질환 유병률과 함께 사회, 경제적 부담이 증가 하고 있으며 주요 만성질환에 대응하기 위한 조사연구와 진단, 치료, 예방을 위한 기술개발(技術開發) 연구를 수행하고 있다.

도전! 신문 기자 자격증

학교		초등학교	학년 / 반		학년 반
이름			컴퓨터 수련기간		개월
타자 최고 점수		타	합격 여부		합격 / 불합격

✏ 다음과 같은 문서를 완성해보세요.   [작성시간 : 15분]

◆ **감염병 예방을 위한 행동요령**   굴림, 18pt, 흰색,
음영색 : 빨강

A. 생활안전 행동요령

ⓐ 비누 또는 세정제 등을 사용하여 흐르는 물에 30초 이상 손을 씻는다.

ⓑ 기침, 재채기를 할 때는 휴지나 옷소매로 입과 코를 가린다.

B. 증상이 나타날 때 행동요령

ⓑ. 설사, 발열 및 호흡기 증상 시 문의 후 의료기관을 방문한다.

ⓒ. 해외 여행객은 귀국 시 발열, 호흡기 증상이 있으면 신고해야 한다.

♠ **친환경유기농 무역박람회 개요**   굴림, 18pt, 흰색,
음영색 : 빨강

A. 일시 및 장소

ⓐ. 일시 : 2020. 8. 6(목) - 8. 8(토) 10:00 - 17:00

ⓑ. 장소 : 서울 코엑스 Hall A(1층)   문단 번호 기능 사용
1수준 : 20pt, 오른쪽 정렬
2수준 : 30pt, 오른쪽 정렬
줄간격 : 180%

B. 주최 및 주관

ⓐ. 주최 : (사)한국유기농업협회

ⓑ. 주관 : 친환경농산물의무자조금관리위원회, 월간친환경 등

도전! 신문 기자 자격증

학교		초등학교	학년 / 반		학년 반
이름			컴퓨터 수련기간		개월
타자 최고 점수		타	합격 여부		합격 / 불합격

✏️ 다음과 같은 문서를 완성해보세요.   [작성시간 : 20분]

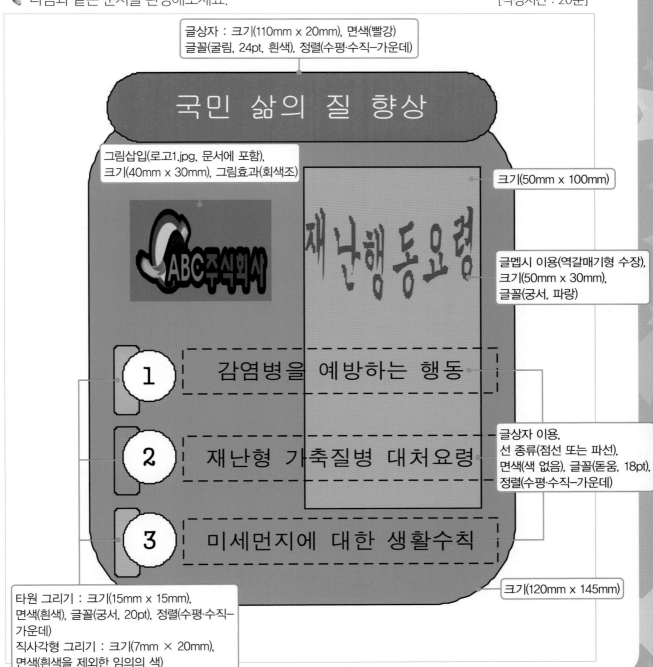

글상자 : 크기(110mm x 20mm), 면색(빨강)
글꼴(굴림, 24pt, 흰색), 정렬(수평·수직–가운데)

국민 삶의 질 향상

그림삽입(로고1.jpg, 문서에 포함),
크기(40mm x 30mm), 그림효과(회색조)

크기(50mm x 100mm)

재난행동요령

글맵시 이용(역갈매기형 수장),
크기(50mm x 30mm),
글꼴(궁서, 파랑)

1 감염병을 예방하는 행동

글상자 이용,
선 종류(점선 또는 파선),
면색(색 없음), 글꼴(돋움, 18pt),
정렬(수평·수직–가운데)

2 재난형 가축질병 대처요령

3 미세먼지에 대한 생활수칙

크기(120mm x 145mm)

타원 그리기 : 크기(15mm x 15mm),
면색(흰색), 글꼴(궁서, 20pt), 정렬(수평·수직–
가운데)
직사각형 그리기 : 크기(7mm × 20mm),
면색(흰색을 제외한 임의의 색)

도전! 신문 기자 자격증

학교	초등학교	학년 / 반	학년 반
이름		컴퓨터 수련기간	개월
타자 최고 점수	타	합격 여부	합격 / 불합격

✏️ 다음과 같은 문서를 완성해보세요.   [작성시간 : 15분]

글맵시 - 견고딕, 채우기 : 진달래색(RGB: 202,86,167)
크기 : 너비(100mm), 높이(20mm), 위치 : 글자처럼 취급, 가운데 정렬

DIAT

머리말(궁서, 9pt, 오른쪽 정렬)

서울리빙디자인페어

월간 <행복>, <럭셔리> 등 최초와 최고의 매거진을 발행하는 콘텐츠 미디어 전문기업 디자인하우스는 품격 있는 라이프스타일을 지면에 소개하는 데에 그치지 않고, 전시를 통해 자신의 삶에 현실로 구현하는 가이드라인을 제시하고자 서울리빙디자인페어를 개막했습니다. 리빙 산업을 선도하는 브랜드와 소비자들의 좋은 동반자가 될 이번 행사는 단순히 좋은 상품들을 모아서 전시만 하는 것이 아니라, 역량 있는 디자이너들과의 콜라보레이션을 통해 고부가가치 콘텐츠를 생산하며 <u>토털 마케팅 솔루션을 제시합니</u><u>다</u>. 최신 트렌드를 반영한 흥미로운 콘텐츠들을 선보일 이번 행사에 많은 관심과 참여를 부탁드립니다.

진하게, 밑줄

문자표 ➡ ■ 행사안내 ■

굴림, 가운데 정렬

1. 행 사 명 : 서울리빙디자인페어
2. 행사일시 : 20. 08. 12(수)~ 20. 08. 16(일), 10:30~18:00
3. 행사장소 : 서울 코엑스 전관(Hall A, B, C, D)
4. 사전등록 : *20. 08. 11(화) 18:00까지 온라인으로 등록(http://www.ihd.or.kr)*
5. 행사주관 : 산업통상자원부, 문화체육관광부, 한국디자인진흥원, 서울디자인재단

기울임, 밑줄

문자표 ➡ ※ 기타사항
- 입장료 : 10,000원(사전등록 시 입장료 10% 할인)
- 기획전시: 트랜드를 선도하는 디자이너와 크리에이터가 함께하는 특별 기획전(디자이너스 초이스)
- 무료입장 또는 할인 대상자는 반드시 증빙서류를 지참하여야 합니다. 단체는 20인 이상부터 신청 가능하며, 같은 날 동시에 입장하여야 합니다. (요일별 분할 입장 불가)

왼쪽여백 : 10pt
내어쓰기 : 12pt

2020. 07. 25.   13pt, 가운데 정렬

디자인하우스사무국

견고딕, 25pt, 가운데 정렬

도전! 신문 기자 자격증

학교		초등학교	학년 / 반		학년 반
이름			컴퓨터 수련기간		개월
타자 최고 점수		타	합격 여부		합격 / 불합격

✏️ 다음과 같은 문서를 완성해보세요.　　　　　　　　　　　　　　[작성시간 : 15분]

≪조건≫

❶ 스타일 이름 – disease

❷ 문단 모양 – 왼쪽 여백 : 15pt, 문단 아래 간격 : 12pt

❸ 글자 모양 – 글꼴 : 한글(굴림)/영문(궁서), 크기 : 10pt, 장평 : 95%, 자간 : 5%

The Centers for Disease Control and tools protect the public health based on research on the mechanism, prevention and management of infectious and chronic diseases.

질병관리본부는 감염병과 만성병의 기전과 예방, 치료, 관리에 관한 연구와 환경과 유전 요인에 대한 분석연구를 바탕으로 국민 건강을 지킬 과학적 근거와 수단을 마련한다.

✏️ 다음과 같은 문서를 완성해보세요.

(1) $h = \sqrt{k^2 - r^2}, M = \frac{1}{3}\pi r^2 h$

(2) $\sum_{k=1}^{n}(k^4 + 1) - \sum_{k=3}^{n}(k^4 + 1) = 19$

(3) $\dfrac{x}{\sqrt{a} - \sqrt{b}} = \dfrac{x\sqrt{a} + x\sqrt{b}}{a - b}$

(4) $\int_{a}^{b} xf(x)dx = \dfrac{1}{b-a}\int_{a}^{b} xdx = \dfrac{a+b}{2}$

도전! 신문 기자 자격증

학교		초등학교	학년 / 반		학년 반
이름			컴퓨터 수련기간		개월
타자 최고 점수		타	합격 여부		합격 / 불합격

✏️ 다음과 같은 문서를 완성해보세요.　　　　　　　　　　　　[작성시간 : 20분]

≪표 조건≫

❶ 표 전체(표, 캡션) – 돋움, 10pt

❷ 정렬 – 문자 : 가운데 정렬, 숫자 : 오른쪽 정렬

❸ 셀 배경(면색) : 노랑

❹ 한글의 계산 기능을 이용하여 빈칸에 평균을 구하고, 캡션 기능 사용할 것

❺ 선 모양은 ≪출력형태≫와 동일하게 처리할 것

≪출력형태≫

최근 5년간 분기별 재난 사고발생 현황(단위 : 건)

구분	1사분기	2사분기	3사분기	4사분기	평균
산불	129	492	19	73	
해양	750	836	1,031	1,126	
전기	175	228	377	236	
승강기	16	37	31	13	✕

≪차트 조건≫

❶ 차트 데이터는 표 내용에서 분기별 산불, 해양, 전기의 값만 이용할 것

❷ 종류 – <묶은 세로 막대형>으로 작업할 것

❸ 제목 – 굴림, 진하게, 12pt, 선모양(한 줄로), 그림자(2pt)

❹ 제목 이외의 전체 글꼴 – 굴림, 보통, 10pt

❺ 축제목과 범례는 ≪출력형태≫와 동일하게 처리할 것

≪출력형태≫

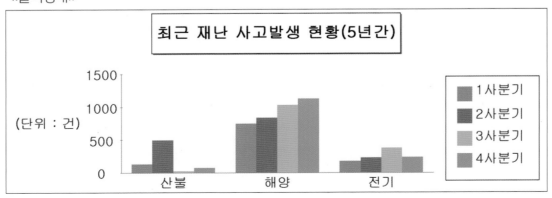

도전! 신문 기자 자격증

학교	초등학교	학년 / 반	학년 반
이름		컴퓨터 수련기간	개월
타자 최고 점수	타	합격 여부	합격 / 불합격

🖊 다음과 같은 문서를 완성해보세요.　　　　　　　　　　　　　[작성시간 : 20분]

> 글꼴 : 돋움, 18pt, 진하게, 가운데 정렬
> 책갈피 이름 : 전시회, 덧말 넣기

> 머리말 기능
> 굴림, 10pt, 오른쪽 정렬

친환경농산물

> 문단 첫 문자 장식 기능
> 글꼴 : 궁서, 면색 : 노랑

우리 같이 가치 소비
친환경유기농 무역박람회 2020

올해로 19회째를 맞이하는 친환경유기농 무역박람회 2020은 국내 최대의 유기농 전문박람회로 국내 우수 친환경유기농 농산물의 입지를 굳히고 농어촌 미래의 값진 경쟁력 확보와 유기농산업 발전을 도모하기 위해 개최된다. 친환경유기농 농산물은 물론 가공식품, 화장품, 생활용품, 건강식품, 유기농자재 등 관련 제품들이 선보이며, 해외바이어 초청 수출상담회, 국내 유통사 1:1 구매 상담회 등 다양한 부대행사가 함께 진행된다.

　친환경농산물 품질 향상 및 생산농가의 상품 다양화를 촉진(促進)하여 친환경농산물의 소비 확대를 위한 2020년 대한민국 유기농 스타 상품 경진대회가 지난해에 이어 2회째 개최된다. 부대행사장에서 진행되는 품평회에 출품된 국내 우수 친환경농산물 및 유기가공상품은 심사위원과 품평회 관람객의 심사를 통해 시상되며, 역대 수상자 및 출품업체의 공동전시를 통해 상품 홍보의 장이 마련된다. 임산부와 예비 임산부 및 가족 대상으로 '건강한 산모와 아기를 위한 친환경농산물 요리교실'이라는 주제로 컨퍼런스도 진행된다. 다양한 부대행사를 통하여 농업인과 도시민 간의 상호 공감대를 형성하고 각 지역별, 품목별로 특화된 행사가 개최되어 지역 마케팅 효과도 창출(創出)될 것으로 기대된다.

> 글꼴 : 궁서, 18pt, 밑줄, 강조점

♠ <u>비건&글루텐프리 특별관 전시품목</u>

> 표 전체 글꼴 : 굴림, 10pt, 가운데 정렬
> 셀 배경(그러데이션) : 유형(왼쪽 대각선),
> 시작색(흰색), 끝색(노랑)

품목	내용	품목	내용
식품/음료	동물성 단백질 대체 식품, 허브차 등	가구/인테리어	DIY 체험 및 클래스, 테이블웨어 등
건강기능식품	비건 비타민 및 미네랄, 디톡스 등	패션/액세서리	비건 대체 가죽용품, 의류 등
뷰티	비건 스킨케어, 기능성 화장품 등	반려동물용품	사료, 영양제, 동물보호 캠페인 등
리빙	주방용품, 생활용품, 디퓨저 등	출판/교육	레시피 북, 비건인증 컨설팅 등
주최 : 한국채식비건협회/월드전람, 미디어파트너 : 월간비건			

친환경유기농 무역박람회

> 글꼴 : 돋움, 24pt, 진하게,
> 장평 95%, 오른쪽 정렬

도전! 신문 기자 자격증

학교	초등학교	학년 / 반	학년 반
이름		컴퓨터 수련기간	개월
타자 최고 점수	타	합격 여부	합격 / 불합격

✎ 다음과 같은 문서를 완성해보세요.　　　　　　　　　　　　[작성시간 : 20분]

> 글상자 – 크기 : 너비(60mm), 높이(12mm), 테두리 : 이중 실선(1.00mm),
> 반원 채우기 : 연한 올리브색(RGB: 227,220,193), 위치 : 글자처럼 취급, 가운데 정렬,
> 글자 모양 : 휴먼옛체, 20pt, 가운데 정렬

리빙 디자인

> 중고딕, 12pt, 진하게

1. 리빙 디자인

리빙 디자인(living design)은 생활 디자인의 뜻으로 생활 조형과 같은 뜻으로 사용한다. 즉 회화, 조각이라는 원래 실용으로 제공하는 목적으로 창작하는 일이 없는, 소위 전부터의 순수 미술에 대립(opposition)하는 실용(實用)과 미 모두를 목적으로 한 일상생활을 위해 제공하는 조형상의 디자인을 가리키는 말이다. 이 발상은 19세기 후반 모리스의 수공예운동 이래 일반에도 정착되었다. 생활 주변과 인간의 생활, 특히 가정에 있어서 주거(住居) 공간의 설계 및 설비 등의 여러 조건을 다루는 디자인이다. 예를 들어서 주거, 실내, 가구, 식기, 조명기구, 일용잡화(daily necessities) 등에 관한 디자인을 말한다.

2. 리빙 산업

국민 소득향상에 따른 사회 및 문화 변화로 리빙 산업에 대한 관심이 증대되고, 국내 기업의 진출이 가속화되고 있으며 해외는 이미 리빙 기업이 발달되고 있다. 최근 리빙 산업 시장 규모는 총 33조 원으로 추정되며 노후(老朽) 건물 증가 및 주거공간에 대한 지출 확대로 향후 시장이 더 확대될 것으로 전망된다.

해외 리빙 브랜드 점유율

브랜드	점유율
스웨덴	45
일본	25
네덜란드	15
이탈리아	5
기타	10

> 궁서, 12pt, 진하게, 가운데 정렬

> 위쪽 제목 셀 : 노른자색(RGB: 233,174,43), 진하게, 제목 셀 아래선 : 이중 실선(0.5mm), 글자 모양 : 굴림, 10pt, 가운데 정렬

도전! 신문 기자 자격증

학교	초등학교	학년 / 반	학년 반
이름		컴퓨터 수련기간	개월
타자 최고 점수	타	합격 여부	합격 / 불합격

✏️ 다음과 같은 문서를 완성해보세요.   [작성시간 : 20분]

≪표 조건≫

❶ 표 전체(표, 캡션) – 돋움, 10pt

❷ 정렬 – 문자 : 가운데 정렬, 숫자 : 오른쪽 정렬

❸ 셀 배경(면색) : 노랑

❹ 한글의 계산 기능을 이용하여 빈칸에 합계를 구하고, 캡션 기능 사용할 것

❺ 선 모양은 ≪출력형태≫와 동일하게 처리할 것

≪출력형태≫

품목류별 친환경농산물 시장규모 전망(단위 : 억 원)

구분	2022년	2023년	2024년	2025년	합계
곡류	7,147	7,391	7,636	8,614	
채소류	4,348	4,379	4,411	4,536	
과실류	1,594	1,672	1,749	2,059	
서류	851	875	899	996	╳

≪차트 조건≫

❶ 차트 데이터는 표 내용에서 연도별 곡류, 채소류, 과실류의 값만 이용할 것

❷ 종류 – <묶은 가로 막대형>으로 작업할 것

❸ 제목 – 굴림, 진하게, 12pt, 배경 – 선 모양(한 줄로), 그림자(2pt)

❹ 제목 이외의 전체 글꼴 – 굴림, 보통, 10pt

❺ 축제목과 범례는 ≪출력형태≫와 동일하게 처리할 것

≪출력형태≫

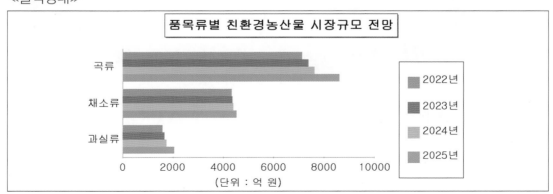

교과서 발행부수 1위 기업 '미래엔' Mirae **N**

우리 아이 속도로 가는
상위권 도달 솔루션

초등이면 초코하는거야~
초등학습,
진실의 앱으로

뭐해~ 얼른 엄마한테
얘기하고 초코해~

오늘 학습, 놓친 학습으로
전 과목 핵심 학습
초코 POP

+

영역별/수준별
과목 전문 학습

㈜미래엔이 만든 초등 전과목 온라인 학습 플랫폼 <초코>

무약정
기간 약정, 기기 약정 없이
학습 기간을 내 마음대로

모든 기기 학습 가능
내가 가지고 있는
스마트 기기로 언제 어디서나

부담 없는 교육비
교육비 부담 줄이고
초등 전 과목 학습 가능